焦りグセがなくなる本

水島広子

PHP文庫

○本表紙図柄＝ロゼッタ・ストーン（大英博物館蔵）
○本表紙デザイン＋紋章＝上田晃郷

「あれもやらなければ、これもやらなければ」
「あれも終わっていない、これも終わっていない」
といつも焦っているあなたへ

はじめに

・いつも「時間がない」と感じている
・この案件、期日までに終わるかとしょっちゅう不安になる
・「これさえ終われば」「この忙しささえ抜け出せば」と追い立てられている
・忙しいので、デスクがいつも散らかっていてイライラしてしまう
・仕事が終わるか不安で、人とプライベートの約束ができない
・やりたいと思っていることができないうちに、歳ばかりとって焦る

これらのどれかが思い当たる方は少なくないのではないかと思います。
本書は、そういう方のための本です。
実際にどれほど忙しいか、というのは人それぞれです。

「あの人は忙しいはずなのに、いつも余裕があるように見えるのはなぜなのだろう？」

と思わせるような人もいますよね。

つまり、「実際にどれほど忙しいか」と「どれほど焦っているか」は、まったく無関係ではないとしても、基本的には別のもの、と言うことができます。

本書では、実際の忙しさとは別に、「すぐに焦ってしまう」心の傾向を、「焦りグセ」として見ていきたいと思います。

ちなみに、私は精神科医で「人の心」が専門です。個人的にはかなり忙しいですが、決して時間管理術の専門家ではありません。

ちまたには時間管理術の本がたくさんありますが、そういう本はその道の専門家に任せたいと思います。

ではなぜ私が本書を書くのか。

それは、先ほどお話ししたように、「実際にどれほど忙しいか」と「どれほど焦っているか」は、別の話だからです。

そして本書では、後者についてじっくり考えていきたいと思います。
それは「心のクセ」の話であって、時間管理術という以前に、心の姿勢の問題なのです。

実際はあまり忙しくないのに、いつも忙しそうに焦っている人。
本当に忙しいのに、なぜかいつも余裕がある人。
この違いはどこにあるのでしょうか。

それを、本文でいろいろな角度から見ていきたいと思います。
「焦りグセ」の弊害は、実は人生全体に関わることです。
ある人は、のびのびと、しかも効率的に日々を過ごしている。

つまり、やりたいことがサクサクとできている。

一方、「焦りグセ」のある人は、同じ人生でも、いつも何かに追われている感じで、しかも「どうして自分はこんなに要領が悪いんだろう」と思い悩んでいる。

やりたいことがあってもできない、あるいは、やりたいことが意識に上らないほど、日々のやりくりで精いっぱい。
余裕のある人を見れば、「私だって、こんなに忙しくなければ……」と恨めしい気持ちになる。

この二者の違いは、まさに人生の質そのものの違いになりますね。

ちなみに、先ほど時間管理術の本について触れましたが、「焦りグセ」があると、時間管理術の本がますます焦りをもたらすこともあります。

本を読むことそのものが時間をとりますし、「この通りにやらなければ」

と焦りが増すこともあるからです。

そういう意味では、より根本にあるのは「焦りグセ」のほうであって、まずそちらに対処しないと、どれほどすぐれた時間管理術を学んでも、単に負荷が増えるだけ、ということになりかねません。


「焦りグセ」は、自分の苦しさというだけの話ではありません。周囲の人たちとの関係にも間違いなく影響を与えます。


焦ってばかりで、周囲の人に十分気を配れない。

自分の焦りに周囲を巻き込む。

イライラして周りに当たり散らしたりすることもある。

例えば、職場でパワハラをしている人は、自らの「焦りグセ」から感情的になっている、という可能性もあります。

少なくとも、「焦りグセ」のある人が、いつも穏やかな温かさを感じさせる存在になるのは難しいでしょう。

これから本文でお話ししていきますが、「焦りグセ」は直していくことができます。

今すぐにできることもあれば、じっくり取り組む必要があったり、何度も繰り返して習慣化していく必要があったりするものもあります。

しかし、自分には「焦りグセ」があると気づいて、自分の感じている忙しさは「仕方のないもの」ではなく、改善可能なものだと知るだけでも、心に余裕が出てくるはずだと思います。

本文では、「焦りグセ」の正体を探り、より根本的なレベルでそれを手放すようにしていきます。

単に「焦りグセ」を直しましょう、というだけでは、課題が増えるだけですから、ますます焦ってしまいますね。

「焦りグセ」のメカニズムを知り、根本的なレベルで納得すれば、自分らしいアレンジをしていくこともできるでしょう。

そういう意味では、本書は「焦りグセ」の直し方、というだけでなく、自分らしい人生を作っていくための基礎を作る本だと言えます。

「焦りグセ」に振り回されているとき「やらされている感」ばかりを感じるものですが、そんな毎日からは考えられない、「自分で主体的にやっている感」を持つことができると思います。

自分自身が人生の主役になれるのです。

もちろん、本書を読むにも時間がかかります。

「焦りグセ」のある人が、「こんな本、読んでいるヒマはない！」と感じられたとしても驚きません。

本文でご紹介しますが、一日10分でもよいので、「本書を読む時間」を確保してください。寝る前のちょっとした時間でも十分です。

一気に読む必要はありません。

本書を読むために費やした時間分は、「人生の余裕」として返ってくるはずだと信じています。

また、「焦りグセ」が極致に達している人は、本書をお読みになってても「しょせんはきれいごと」としか感じられず、心にしみてこないかもしれません。

そんな方には、本書の存在だけ覚えておいていただき、ご自分に最も適した時期に再び手に取っていただきたいと思います。

本書を手に取られた皆さまが、自分らしい人生をのびのびと過ごされるようになることを心から願っています。

焦りグセがなくなる本
目次

第1章 「つい焦ってしまう!」のはなぜ?

第2章

今すぐ「焦り」から自由になる

第3章

「メリハリ」で「焦らない人」になる

第4章

いらないものを手放せば、焦らなくても大丈夫

第5章

「焦りグセ」を予防する生活習慣

第6章

焦らない人の「時間術」

編集協力――御友貴子

第１章

「つい焦ってしまう！」のはなぜ？

① 焦っているときの頭の中

同じ時間、同じ仕事量であっても、焦らずコツコツ仕事を終わらせる人がいる一方、

「あれもやらなければ、これもやらなければ」

「あれも終わっていない、これも終わっていない」

と気ばかり焦って、結局は何もせずに終わってしまう人もいます。

焦らずスムーズに仕事を終える人と焦ってばかりで仕事が進まない人。

この違いはどこにあるのでしょうか？

この章では「つい焦ってしまう心理」について考えてみましょう。

そもそも、なぜ、焦ってしまうのでしょうか？

それは「時間がない」と思うからでしょう。

思うだけではなく、焦っている人には確かに時間がありません。

「何もしないのに、気ばかり焦ってしまう」と思われるかもしれませんが、実際には「何もしていない」というわけではないからです。

【時間がない理由1】ずっと考えている

では何をしているのかと言うと、考えているのです。

「あれもやらなければ、これもやらなければ」

「あれも終わっていない、これも終わっていない」

そう考えることに時間とエネルギーを使ってしまい、本来すべきことができなくなってしまう、というわけなのです。

【時間がない理由2】違うことをしてしまう

そもそも、「あれもやらなければ、これもやらなければ」「あれも終わっていない、これも終わっていない」と考えるのは不安や焦りを喚起する思考。だから、つまらないことで時間を潰してしまう、などということも不思議ではありません。人は不安や焦りを感じると、それを感じないですむように、何か少しでも気が休まることで時間を潰したくなるのです。

ですから、忙しいときに限って何もできないまま時間だけが経ってしまったり、つまらないことで時間を潰してしまったりするのは、当然と言えば当然のことと言えます。

Point

焦っているときにサボってしまうのは当然

②「焦りグセ」を作り出す「忙しさのメガネ」

「あれもやらなければ、これもやらなければ」

「あれも終わっていない、これも終わっていない」

こう考えてばかりいると、何もしていなくてもかなり消耗するものですが、何かをする際にもこの思考は同じような影響を及ぼします。

例
残業が多くいつも忙しいので、プライベートの手続きはいつも先延ばし。銀行の住所変更手続きをしていないのでキャッシュカードが送られてこない、公共料金の払込用紙をなくしてガスや電気を止められそうになることもしばしば、宅配便の不在連絡票に連絡せず通販の買い物がキャンセルに……やるべきなのはわかっているけれど、焦るばかりでつい先延ばしに。

このように「焦れば焦るほど何もできない」なんてことはありませんか？一つ一つのタスクは決して難しくないのです。だいたいが、電話一本かければすんだり、数分かけて書類に記入したりすればよいだけ。誰にでもできることでしょうし、実際に誰もがやっていることです。

物理的に忙しいときでも、電話一本をかける機会はどこかで見つけることができるもの。それなのに、こうした手続きを怠って自分を窮地に追い込んでしまうのは、なぜなのでしょうか。

それは、現実を「私は忙しい」という「忙しさのメガネ」を通して見ているからです。

「忙しさのメガネ」とは何か。

それは、「あれもやらなければ、これもやらなければ」「あれも終わっていない、これも終わっていない」という色をつけて物事を見るメガネと考えてみてください。

例えば、洗濯をするとします。ただ、「洗濯しよう」と思ってすればいいだけなのに、「忙しさのメガネ」を通して見てしまうと、洗濯に取り掛かる前に思考が襲ってきます。

「待って、お皿も片付けていない」

「ああ、トイレットペーパーの補充もまだだった」

ただちょっとやれば数分で終わるようなことであっても、このように「あれもやらなければ、これもやらなければ」「あれも終わっていない、これも終わっていない」と見てしまうと、必要以上に「忙しい」と感じられてしまうのです。

Point

焦ってしまうのは、「あれもこれもやらなきゃ」と思うから

3 「忙しさのメガネ」の恐ろしさとは？

「忙しさのメガネ」は恐ろしいものです。実際には簡単に終わるようなことでも、「あれもやらなければ、これもやらなければ」「あれも終わっていない、これも終わっていない」ということまで一緒に見えてしまいます。

そうなると、

「こんなことをしている余裕はない」

「なぜこんなことを私がやらなければならないの！」

と「忙しさ」が何倍にも感じられ、焦りも倍増します。

つまり、「物理的な忙しさ」と「主観的に感じる忙しさ」の差を作るのが、「忙しさのメガネ」だと言えます。

逆に「忙しさのメガネ」をかけていない人は、やることがたくさんあっても、ただ目の前のことを一つずつ片づけていくことができます。
全体を見ると大変でも、一つ一つ片づければ「片づけた」という達成感を持てますし、新たな用事が舞い込んできたときも、パニックにならずに優先順位を考えることができます。

しかし、「忙しさのメガネ」をかけていると、常に「忙しい」「時間がない」という感覚に追われていますので達成感を持てません。

実際にはせっかく一つのことが終わっているのに、「終わった」「できた」というところを見ることができず、「終わっていないこと」にしか目が行かないからです。そして、常に「終わっていない」と思っているため、新たな用事ができると、それがどの程度のものなのかを冷静に吟味することもしないまま、「ただでさえ忙しいのになぜ!?」と、怒りすら感じてしまうのです。
こうやってあらゆることを「忙しさのメガネ」を通して見ている状態が、

「はじめに」でご紹介した「焦りグセ」を作り出す、と考えるとわかりやすいと思います。

この「焦りグセ」が極度に悪化すると、見ているものは単に「あれもやらなければ、これもやらなければ」「あれも終わっていない、これも終わっていない」という自分の想念だけで、実際にやるべきことはほとんど見えてもいない、ということになってしまいます。

そうなってくると、まさに「思考停止」の状態。

やるべきことが何なのか、どのくらい時間がかかることなのか、今やっておいたほうが後で楽なのか、後回しにしたほうがいいのか、などを検討してみることもせず、頭の中はむしろ真っ白で、単に「忙しいからできない！」と自動反応するだけの状態になってしまうのです。

この「焦りグセ」から脱したいならば、「忙しさのメガネ」を手放すこと。

その手放し方を、本書を通して見ていきましょう。

もちろん、「忙しさのメガネ」を手放せば忙しくなくなるのかというと、そんなことはありません。「忙しさのメガネ」を手放すということは、「自分は忙しい」という感覚を「実物大にする」ことであって、物理的に「やらなければならないこと」の量を減らすということではありません。

しかし、「忙しさのメガネ」を手放していくと、「本当にこれは自分がやらなければならないことなのか」「本当にこれはやりたいことなのか」を仕分けしていくことができますので、「やらなければならないこと」の総量、つまり物理的な忙しさも減る可能性が高いと思います。

Point
思考停止の裏に「忙しさのメガネ」があることを知る

④【焦る理由①】衝撃

多くの人にとって、「焦りグセ」は、気づけばそうなっていたというものなのですが、この「焦りグセ」がいつ発症したかを特定できる人たちもいます。

それは、自分ができていないことを誰かから叱責されたり、自己啓発本やセミナーで「このままではだめだ！」と衝撃を受けたり、できのよい同僚や同世代の人を見て「衝撃」を受けたりしたときです。

人間の心身は、突然の衝撃を受けると特徴的な反応をします。

まず衝撃は心を傷つけますから、自己防御能力を持った心は「もう傷つきたくない」モードに入ります。

もう衝撃を受けたくない、ではその原因は何かと考えます。視線が向かう先は自分。衝撃を受けたのは「自分に何かが足りなかったからだ」と、とらえてしまうのです。

もちろん人間は完璧ではありませんから、「足りないところ探し」を始めたらきりがありません。

しかし、「足りないところ」が残っていたら、次なる衝撃につながる可能性があるので、「足りないところ」を減らしたいと思ってしまう。

だから、「あれもやらなければ、これもやらなければ」「あれも終わっていない、これも終わっていない」という感覚が生まれてしまうのです。

例えば、親しい友人が何らかの資格を取った、というニュースに衝撃を受けたとしましょう。すると、衝撃から「足りないところ探し」が始まり、当然「資格のない自分」に目が行きます。

そして、その資格が自分にとって本当に向いているのか、その資格を目指すことが今の自分の生活に合っているか、という冷静な検討をすることもなく、「とにかく資格を！」と焦ってしまうのです。

また、衝撃は「忙しさのメガネ」も作り出します。

常に「あれもやらなければ、これもやらなければ」「あれも終わっていない、これも終わっていない」という目で物事を見ていれば、予期せぬ「抜け」のために衝撃を受けずにすむだろう、というのがその理屈です。

そう考えてみれば、「忙しさのメガネ」というのは、自分を守るためのもの、と言うこともできます。しかし、問題なのは、それが本当に自分を守っているか、という実際のところです。

すでに見てきたように、「焦りグセ」は人生を蝕《むしば》みます。

自分を常に緊張下に置き、消耗させてしまうからです。

自分を守るために作られたはずの「忙しさのメガネ」が、なぜ自分を蝕む結果になるのでしょうか。

それは、衝撃への反応として生まれた「忙しさのメガネ」は、本来は衝撃からの回復と共に手放すべきものだからです。

先ほどの資格の例でしたら、「友達の資格に衝撃」↓「忙しさのメガネで見る」↓「自分も資格を取らなくちゃ」と一時はなったとしても、「衝撃から回復する」↓「忙しさのメガネをはずす」↓「今やれることをやろう」となるのが通常です。

一方、いつまでも「忙しさのメガネ」で見続けるということは、衝撃を受けたときの特殊な状態のまま、つまり緊張した警戒態勢のまま生き続けるということ。実際に今暮らしているのは「平時」であるのに、自分だけが緊張した警戒態勢で生きているのでは、本来必要のない苦労を抱え込むことになります。この「衝撃」というものは、なにも他人からもたらされるだけではありません。例を見ていきましょう。

例

「今は忙しいから」と仕事優先で生きてきて40歳になる。とくに仕事で困ることはないし、そこそこやりがいもあるけれど、仕事だけの人生ではつまらない。他の人は趣味を持ったり、人と会ったり、もっと楽しそう。自分はずっとこのままなのかと思うと焦ってしまう。

この例の人は、ひどい「焦りグセ」を持っているわけでもなさそうで、仕事にもそれなりに満足しているようです。

ただ、「仕事だけの人生ではつまらない」と感じているのは、「40歳になった」ということに衝撃を受けているからだと思います。

40歳という年齢は、何とも言えない年齢です。人生の折り返し地点を感じる年齢でもあり、家庭を持ちたい人にとっては「最後のチャンス」を感じさせる年齢でもあります。

それまではあまり将来のことなど考えずにただただ「成長」を考えて生き

てきたのが、身体にもいろいろと加齢の兆候が現れ始める40歳を境に、「残りの人生」を考えるようになる人は多いと思います。ですから、仕事ばかりしているうちに40歳になってしまった、というのはそれなりに衝撃的なことなのです。

すると、自分の「足りないところ探し」が始まります。

それは通常、他人との比較という形で表れるものですから、「他の人は趣味を持ったり、人と会ったり、もっと楽しそう」と語られているのです。

もちろん、40歳以降の人生を、今までと違った形で充実させることにはまったく問題がありません。働き方を見直していくのもかまわないでしょう。

ただし、一つだけ注意が必要です。

衝撃下で自分の「足りないところ探し」を始めてしまうと、実際以上に自分の「足りないところ」が目につきがちです。

生き方を考えるのは、衝撃が去ってからでも遅くはありません。

先ほどの例の方でしたら、もしかすると、日常の生活に戻ってしばらく様子を見てみたら、自分は仕事中心に生きるのが向くタイプなのだということに気づくかもしれません。これまでと同様の人生を続けるのが自分には一番合っていると思えれば、実は自分は幸せに生きているのだ、ということに思い至るかもしれないのです。

Point

自分が何か衝撃を受けていないかチェック

5 【焦る理由②】不安

衝撃が「忙しさのメガネ」を作り出すとお話ししましたが、もう一つ自分を実際以上に忙しくさせ、焦りを生み出すものがあります。

それは「不安」。不安について見ていきましょう。

例 締め切りのある仕事はいつも焦ってしまって苦しい。「納期までに終わらないかもしれない」とか、「低いクオリティのものしかできなかったらどうしよう」とか不安が湧いてきて、手がつかなくなる。

同じ「締め切り仕事」であっても、大した不安を感じず「仕方のないこと」「前倒ししてやっておこう」と割り切れる人がいる一方で、「終わらないかもしれない」「期待外れのものしかできないかもしれない」と不安になってしまう人がいます。この違いはどこにあるのでしょうか。

ここでは、不安とはどういう感情なのかをおさらいしておきます。まず、人間が持つあらゆる感情には、自分を守る役割があるということを、押さえておきましょう。

これは身体の感覚と同じように考えることができます。何か熱いものに触ると「熱い！」と手を引っ込めますが、それによってやけどを防ぐことができます。もし熱いという感覚がなかったら、身体を守ることができません。

このように身体の感覚が「この状況は、自分の身体にとってどういう意味を持つものか」を教えてくれるのに対して、感情は、「この状況は、自分の心、あるいは自分という存在に対して、どういう意味を持つものか」を教えてくれます。

不安は、「安全が確保されていない」ということを教えてくれる感情です。

不安を感じると、私たちは慎重になったり、言動を控えたりするものですが、それはまさに、「安全が確保されていないから」なのです。

そうやって考えてみると、不安にかられる人は、あらゆる物事を「安全が確保されていない」という意味づけをして見ている、ということになります。

確かに、仕事には安全が確保されていません。

「締め切りに間に合うかどうか」は未来の話だからです。

未来に何が起こるかをすべて知ることなどできないため、どれだけ準備をしたとしても、未来に１００％の安全の保証などできないのです。

ただでさえ「安全が確保されていない要素」のある未来なのに、先ほどご紹介した「忙しさのメガネ」で見てしまうと、不安なところばかりが目につ いてしまい、キリがありません。

ですから必要なのは「未来の不安から完全に解放されることはない」とい

うことを肝に銘じて、どこかで割り切る意識です。

「もしも○○が起こったらどうしよう」というところにとどまっている限り、自分の人生を生きることはできないからです。

どういうことかと言うと、「もしも○○が起こったらどうしよう」というのは、一見、「自分の頭で考えている」ように見えるのですが、実際には自分とは関係なく頭の中に浮かんでくる強迫観念とも呼べるもの。

「ふと、不安な思考が浮かぶ」というのは誰にでもあることですよね。

それに対して、「いや、そんなことはないだろう」「もしそんなことになっても何とかなるだろう」「そんなことばかり心配していたら生きていけない」などと割り切ったり、「そうなったときのためにあらかじめ誰かに相談しておこう」と対策を立てたりしながら、私たちは生きているのです。

このとき、自分が責任を持っているのは、「いや、そんなことはないだろう」「誰かに相談しておこう」などと「自分の頭で考えていること」のほうであり、「ふと浮かんでくる思考」には自分の責任はないのです。
ですから、「締め切りに間に合わなかったらどうしよう」と思うときは、責任を持って、「1週間前倒しでスケジュールを立てよう」「部下に頼めるものは頼もう」といった対策を立て、それでも必要であれば、「間に合わなかったら、そのときはそのとき」「自分なら別の仕事で挽回できる」と割り切ってみるのもいいでしょう。

それでももちろん不安をゼロにはできないでしょうが、それは仕事が未知の領域に踏み込むものである以上、当然のことです。

この種の不安からは永遠に解放されることはないのですが、それを「忙しさのメガネ」で見てしまうと、実際よりも強く感じられる、ということは知っておくとよいでしょう。
多量の仕事を抱え、納期に苦しむ人の中には「人に任せられない」という人が多いもの。人に任せることでうまくいかなかったらどうしよう、という完璧主義的な気持ちがある場合もありますし、任せることで相手からどう思われるかが気になる、という場合もあるでしょう。どちらも、「もしも○○したらどうしよう」という不安であることはまったく同じです。

いずれも未知のことについての不安であるわけですから、感じて当然なのです。

任せる際にできるだけわかりやすいように準備しておく、感謝をしっかり伝えておくなど、実際にできるだけのことをしたら、後は天に任せましょう。

Point

やるだけやったら割り切って天に任せる

⑥ 焦らない人生を送るには？

同じ忙しい人でも、その忙しさにやりがいを見い出し潑剌《はつらつ》と働いている人もいます。一方で、「焦りグセ」を持つ人は常に不安を抱えており、決して潑剌とはしていないものです。

「焦りグセ」の正体は、「もしも間に合わなかったらどうしよう」「もしもやりくりがつかなくなったらどうしよう」という不安。

その不安のために、頭が空回りしてしまったり、つねに何かをやっていないと気がすまなくなってしまったりするのです。

ここまではすでに見てきました。

さらに、「焦りグセ」のある人には、もう一つの特徴があります。

それは、「やらされている」という被害者意識です。

被害者意識と言うと大げさに聞こえるかもしれません。

どういうことかと言うと、

「本来はもっとじっくりやっていきたいのに……」

「本来はもっと一つ一つのことを丁寧にやっていきたいのに……」

「本来はもっとゆとりのある人生を送りたいのに……」

という具合に、本来自分が望んでいる生き方と違うことを「やらされている」という意識です。

この被害者意識も「焦りグセ」を強め、悪循環を作っていきます。

例えば、「いつも焦っている」ため、デスクが散らかっているとします。

デスクが散らかっている

↓

デスクなんて、片付けている暇はない！（焦りグセ）

↓

こんなに汚いところで働きたくないのに働かされている！（被害者意識）

↓

イライラして、仕事の効率が下がる

↓

いっそう焦る

という具合に悪循環に陥ってしまうのです。

しかし、同じく何かをするのであっても、「自分がやろうと思ってやっている」と感じられる、つまり物事に主体的に取り組んでいるときは、このような悪循環は起こってきません。

「忙しくて焦っているけど、少し時間を使って片付けよう。もっと気持ちよく仕事ができるし効率も上がるだろう」と考えたりすることができるのです。

あるいは、「まずは仕事を片付けるのが先決」と割り切る場合は、「汚いところで仕事をさせられている」という被害者意識がありませんから、仕事そのものに集中することができ、効率が高まります。

こうやって考えてくると、「焦りグセ」のある人は、自分の人生のオーナーとは言えない状態にあるということがわかります。

Point

自分の人生は自分でコントロールする意識を持つ

7 まずはメリハリをつけるところから

例

半年のプロジェクトが終わった！　でも、その日のうちに、これまでペンディングにしていた仕事に取りかからないと間に合わない気がして焦る。同僚は今日くらいはと帰ってしまったけれど、自分はそれができない。頭の中から仕事のことがすべて消え失せる、という経験がない。ちょっとつらい。

「焦りグセ」を持つ人の特徴の一つが、「メリハリのなさ」です。
慢性的に「あれもやらなければ、これもやらなければ」「あれも終わっていない、これも終わっていない」と考えてしまうので、「今が力の使いどき」「今はリラックスをするとき」というメリハリのある行動できないのです。

もちろん、「忙しさのメガネ」を通してあらゆることを見ていれば、「あれもやらなければ、これもやらなければ」「あれも終わっていない、これも終わっていない」ばかりが見えてしまいますので、とてもリラックスのタイミングなどつかめるわけがありません。

しかし、忘れてはいけない、とても重要な概念として「持続可能性」と「効率性」があります。

人間は限界のある生き物です。24時間365日働き続けることはできません。休まず働きを「持続」させることは「不可能」なのです。

また、適度な休息でリフレッシュしないと、作業効率は落ちます。

ですから、自分の力を最大限に引き出して、気持ちよく生きていくために必要なのは、自分の意志で「メリハリをつける」ということ。

これこそが、「やらされている人生」から脱して、自らの人生のオーナーになるということです。
　メリハリをつける習慣を持たないと、ただただ作業時間だけが長くなり、結果として効率は落ちます。すると、さらに長時間働かなければならない、ということになってしまうのです。そして、「あれもやらなければ、これもやらなければ」「あれも終わっていない、これも終わっていない」と思えば思うほど気が散って効率が下がり、「もっとやらなくちゃ」という感じ方が強まる——こうした悪循環で人はうつ病にすらなってしまいます。

「あれもやらなければ、これもやらなければ」「あれも終わっていない、これも終わっていない」という思考はたとえ休み時間であっても心を休ませてくれません。

　過労でうつ病になる人は少なくありませんが、仕事量が多いとただでさえ忙しい上に、物理的には休んでいるはずの時間にすらそうやって自分に仕事をさせている、という超過労状態を作り出してしまうのです。

物理的な仕事量も少ないに越したことはないのですが、この「あれもやらなければ、これもやらなければ」「あれも終わっていない、これも終わっていない」を止めることができれば、ただ仕事「だけ」をやっていけばよいのですから、自分への負荷はかなり軽くすることができます。

また、先ほども触れましたが、「あれもやらなければ、これもやらなければ」「あれも終わっていない、これも終わっていない」という「忙しさのメガネ」を手放してみると、それは実はやらなくてもよいことであったり、人に頼んでもよいことであったり、何かとまとめてできることだったりすることがわかり、物理的な仕事量そのものが減ることも多いでしょう。メリハリについては、第3章で改めて詳しく見てみましょう。

Point

休むときは、余計なことを考えないでしっかり休む

8 焦り続ける人生と納得して進む人生

「焦りグセ」は人生を振り回します。

一つが終わるとまた次がやってくる。その「一つ」をやっている間にも、頭の中には「あれもやらなければ、これもやらなければ」「あれも終わっていない、これも終わっていない」がぐるぐる回っている。

そして毎日を慌《あわ》ただしく「忙しい、忙しい」「時間さえできれば……」と焦って追われるように過ごしているうちに、気づけば人生の終わりがやってくる、という悲しいことにもなるのです。

まるでハムスターが回し車をせっせと走り続けるように、毎日の生活をせっせと走り続け、どうにかやりくりしていく人生を送りたいのか。

あるいは、ぽかぽかとした日差しの中、自分のペースで、ときにはのんびりと、ときには気持ちのよい緊張感を持って、生きていきたいのか。

この究極の選択は、自らの「焦り」にどう向き合うかで決まります。

「忙しい、忙しい」と焦りながら暮らしているときの私たちは、「人生とはこんなもの」と思っており、「もう一つの選択肢」があるなどとは気づいていません。

のんびりと優雅に暮らしている人たちの存在は知っていても、それは「私たちとは違う人種」で、よほどお金があるか、恵まれた立場にあるか、怠け者の人たちなのだろうと思っているものです。

また、今の忙しさから逃れるには、人生を全部放棄しなければならないのではないかとすら思っている人もいるでしょう。少しでも手を抜くと「負け犬」になる、という恐怖を持っている人もいると思います。

「そんなに忙しがらなくても」と言われても、多くの人の反応は、「そんなことを言っている場合ではない！」だと思います。

人は、同じようにこの世に生を享《う》け、一定の年月を暮らし、そして人生を終える存在です。もちろん持って生まれるものも生育環境も、それぞれが異なります。

しかし、「人生を送る」という点では皆が同じで、その人生の質を決めることは自分でできるのです。

もちろん、質を決めると言っても、優秀な頭脳と経済的に恵まれた環境、愛情あふれる両親のもとに生まれた人と、その正反対の人では、そういう意味での「質」はかなり違った人生になるでしょう。

しかし、「あらゆることに恵まれていて、贅沢《ぜいたく》なものをたくさん持っていて、誰が見ても羨ましがるのに、本人は常に忙しく焦っていて、何とかやりくりしながらどうにかやりとげるような人生」と、「世間的に見ればあまり恵まれていなくても、自分のペースで生きることができていて、人生の喜びと恵みを感じながら、必要なときには気合いを入れ、そうでないときにはのんびりと過ごす人生」と、どちらが本当に豊かなのでしょうか。

物理的な「『忙しさ』そのもの」よりも、実際私たちに「焦り」を与えるものの大部分は、「あれもやらなければ、これもやらなければ」「あれも終わっていない、これも終わっていない」という「焦りグセ」です。

つまり、今と同じ立場で生活を続けるとしても、「焦りグセ」から解放されて生きていく、という「もう一つの選択肢」があるのです。この認識はとても大切で、すべてがそこから始まると言ってもよいほどです。

Point

焦らない人生は自分で選べる

第２章

今すぐ「焦り」から自由になる

①「忙しさのメガネ」がはずれる瞬間

「焦りグセ」を生み出す「忙しさのメガネ」。その「メガネ」をはずすために最も有効な手段があります。

それは、『今』に集中する」ことです。

今までのことを振り返ってみると、どんな人にも何かに心から集中した体験があると思います。そんなときには、心が透き通り、頭には余計な思考が一切なくなっているはずです。

つまり、何かに心から集中しているとき、そこには「あれもやらなければ、これもやらなければ」「あれも終わっていない、これも終わっていない」などという思考はないのです。これは「忙しさのメガネ」がはずれている状態だと言うことができます。

実は、「忙しさのメガネ」をはずそう、と意識しても、なかなかうまくいかないものです。

そんなことで簡単に「忙しさのメガネ」がはずれるような人なら、そもそも「焦りグセ」に悩んでいないはずだからです。

また、本書をお読みの方の多くが、「忙しさのメガネ」をはずしたら生きていけないのではないかと思っているため、あえて「はずさない」ということもあり得ます。これについては後で詳しくお話ししますが、「焦りグセ」にかかっている方の多くが、「いつも追い立てられていないと間に合わない」という思い込みを持っているものです。

この思い込みは案外頑固で、簡単に手放せるものではありません。「忙しさのメガネ」をはずそうと思っても、どこかで心の抵抗が出てくると思います。

ですから、「忙しさのメガネ」をはずすことに意識を向けるよりも、「今に集中しよう」とだけ意識するのが早道だと言えます。

今やっていること以外は、一切考えない。

目の前のことだけを着々と進める。

「うまくいくだろうか」「ちゃんと仕上がるだろうか」などと考えない。

そんなふうに「今」に集中すると、困ったときに「忙しさのメガネ」をはずすことができるだけでなく、全体として「忙しさのメガネ」の色を薄くする効果があります。次項で詳しくお話ししましょう。

Point

今やっていることだけに集中する

②「今」への集中を積み重ねていく

「今」に集中すると、困ったときに「忙しさのメガネ」をはずすことができるだけでなく、全体として「忙しさのメガネ」の色を薄くする――「忙しさのメガネ」については、こんなふうに「短期的」と「長期的」とに分けて見ていく必要があります。

誰でも、「今」に集中することによって、その場では「忙しさのメガネ」をはずすことができます。しかし、その集中が終わると、また「メガネ」は戻ってきます。もちろん常に「今」に集中していられればよいのでしょうが、なかなかそういうわけにもいきませんね。

「今」に集中している以外の時間は、「忙しさのメガネ」を通してものを見ていることが多いのですが、その「色」を薄くしていくことはできます。

第1章で、「メガネ」の色が濃くなってしまうと、「あれもやらなければ、これもやらなければ」「あれも終わっていない、これも終わっていない」しか見えなくなる、ということをお話ししましたが、「メガネ」をはずせなくても、全体に色を薄くしていくことは可能なのです。どうすればいいのでしょうか。これもまた「今」に集中するのが有効です。

なぜかと言うと、「今」に集中すると「忙しい感」が減るからです。

「忙しい感」とは、「自分は今、忙しい」という意識です。「忙しさのメガネ」を通してものを見ると、実際以上に忙しく感じられ、「忙しい感」はかなり増します。しかし、「今」への集中を積み重ねていけば、

【効果1】効率よく物事を片づけられるので、物理的な忙しさが減る

【効果2】余計なことを考えなくなるので、「忙しい感」が減る

「忙しい感」が減れば、よりいっそう「あれもやらなければ、これもやらなければ」「あれも終わっていない、これも終わっていない」という切迫感が減り、「忙しさのメガネ」の色が薄くなります。「忙しさのメガネ」の色が薄くなれば、はずさなくてもあまり影響を受けなくなりますし、度の弱いメガネと同じで、はずすことももちろん容易になりますね。

このように、「今」に集中することは、その場その場で「忙しさのメガネ」をはずすことができるのはもちろん、そんな体験を積み重ねることで、「メガネ」自体の色を薄くしていくことができるのです。

これは「焦りグセ」対策としてとても効果的です。

Point

今に集中することで「忙しい感」も減る

③ 追い立てられないと本当に間に合わない？

47ページで挙げた例もそうですが、一つの大きなプロジェクトが終わったときですら、ほっと一息ついて自分に休息を与えることができないのは、「いつも追い立てられていないと間に合わない」という思い込みがあるからです。

焦る必要がないのに、ついつい焦ってしまう人は、何と言ってもこの思い込みのためでしょう。

例 残業や休日出勤がもはや習慣。なので、それがない状態が信じられない。早く帰ったり休んだりして、ちゃんと仕事ができるはずがない。

こんな例は、まさにその思い込みを中心に生きている、と言えるでしょう。

しかし、その思い込みは本当に正しいのでしょうか。

この考えの裏には、「いつも追い立てられていないと自分は怠けてしまう」というさらなる思い込みがあると言えます。

つまり、自分の自然体は「怠け」であって、追い立てられて初めて動く、と思い込んでいるのです。

もちろん、「やらされている感」のもとに忙しい日々を過ごしている人は、本当にやらなくてもよくなれば、怠けるかもしれません。

しかしそれは、やりたくもないのに「やらされていたから」であって、自然体が「怠け者」だからというわけではないでしょう。ただ怠けているだけの人生では、多くの人が退屈してしまうと思います。

自分がやりたいことであれば、一定の時間とエネルギーを使うことはむしろ充実感や達成感につながるはずです。

また仮に、本当に「自然体が『怠け者』」の人であるなら、怠けられる時間が増えたほうが幸せなはず。「忙しさのメガネ」でものを見ていると、効率が落ちて実際に忙しさが増すので、怠け者こそ率先して「忙しさのメガネ」をはずし、目の前のことに集中するのがお勧めです。

その分、大好きな「怠ける時間」が増えるからです。この「怠ける」を、他の楽しみに置き換えてもわかりやすいでしょう。

いずれにしても、それがやりたいことであれ、やらなければならないことであれ、集中して効率よくできることは共通して好ましいことだと言えます。

自分が怠け者だと思う人は、「怠け者だからこそ、『忙しさのメガネ』をはずさないと、怠ける暇がなくなる」と考えるようにしたほうが、よほど現実的だと思います。

Point

怠け者であってもなくても、焦ってトクなことはない

④ 「やり残した？」それとも「ここまでできた？」

もちろん、「今」に集中すると言ってもそんなに簡単ではないかもしれません。例えば、やり残したことなどがどうしても気になってしまう、という人はいると思います。

「終えるべきだったことが終わっていない」と思っていると、当然、「あれもやらなければ、これもやらなければ」「あれも終わっていない、これも終わっていない」という感じ方が強くなります。結果として、「忙しさのメガネ」の色が濃くなってしまい、「今」への集中を妨げることになるのです。

「やり残し」の解決策は、「現実を受け入れる」ということ。

人間というのは、あくまでも遺伝情報を持った生物。限界があるのです。「努力すれば何でも達成できる」というのはまったくの嘘です。
どれほど集中しても、終わらないことは終わりません。また、生物である人間は休まずに働き続けることができませんから、一定時間が経過し、一定のエネルギーを消耗すると休息が必要となります。

「今日はここまで終えるべき」というのは、あくまでも自分や上司など他人が勝手に決めたこと。そのことと、「生物としての限界」が合わないことは何の不思議もありません。

あくまでも「今日もベストを尽くした。でももう休む時間だ」ということで、そのことに「あれもやらなければ、これもやらなければ」「あれも終わっていない、これも終わっていない」という意味づけをする必要はありません。
確かに、「やり残し」は客観的な事実。やらなければならないことがまだ残っているのはその通りなのだと思います。

しかし、大切なのは、「今日はここまでできた」と見るのか、「まだこんなに終わっていない」と見るのかの違いです。

後者は「(過去には)ここまで終えると思っていたのに、終わっていない」と過去にいつまでもとらわれていますが、前者は、過去を手放し、「今」に達成感を覚えています。「忙しさのメガネ」をはずすために最も役に立つのは「今」に集中することなのですから、もちろん「今日はここまでできた」と、過去を手放すほうが「忙しさのメガネ」をはずしやすくなります。

ちなみに、こうした見方は、「コップ半分の水」の話と同じです。コップに半分だけ水が入っている場合に、「半分も入っている」と見るのか「半分しか入っていない」と見るのかの違いなのです。そこにある現実はまったく同じなのに、見方によってこれほど感じ方が変わります。

「人間なのだから全部できなかったのは仕方がない」と現実を認め、「でもこれだけできた」と見るようにすると、「忙しさのメガネ」の色が薄くなっていきます。

例

仕事は忙しく、独身住まい。ここ1カ月、掃除機もかけていないし、食器もろくに洗っていない。たまに仕事が早く終わっても、やることがいっぱい。溜まった雑用が次から次へと押し寄せてくる。片付けていると12時過ぎ、ああ、毎日毎日焦ってしまう！

こんなケースでも、感じ方は「まだこんなに終わっていない」のほうになり、結果として「忙しい感」が増してしまいます。でも、同じ状況でも、「今日は仕事が早く終わったから、12時過ぎまでかけて、これだけ雑用を片付けることができた」と見るとどうでしょうか。「焦りグセ」で完全にパニックになっているのでもなければ、実際に何かしらの雑用が片付いているのだと思います。その事実をもっと重視してみると、感じ方が変わってきます。

「雑用が次から次へと押し寄せてくる」という気持ちになったら、「忙しさのメガネ」で見て自分を追い詰めているのだなと意識してみましょう。

同じく雑用に取り組んでも、「これだけできた」と思えれば、達成感を持つことができます。達成感は、「忙しさのメガネ」の色を薄くします。そして、「今日はよく頑張った。また今日みたいに雑用を片付けていこう」と前向きにも思えるでしょう。そんな満足感を持って眠りにつくのか、「まだこんなに残っている」という焦りの中、寝付けない夜を過ごすのか、それは実は自分で選ぶことができるのです。

Point

「これだけできた」と達成感を味わう

5 「とりあえずやる」と考えると楽になる

「焦りグセ」のある人の中には、「先延ばし」しがちな人が少なくないと思います。

常に「あれもやらなければ、これもやらなければ」「あれも終わっていない、これも終わっていない」と思っているため、何かやらなければならないことがあっても、「今、そんなことをやっている余裕はない」と思って先延ばししてしまうのです。

そして、先延ばししてしまったことによって、ますます「あれもやらなければ、これもやらなければ」「あれも終わっていない、これも終わっていない」という感じ方が強くなることも経験されているでしょう。

つまり「先延ばし」すればするほど、「焦りグセ」は悪化するのです。

もちろん、「先延ばし」がすべて「焦りグセ」を悪化させるわけではありません。物事に優先順位をつけて、大して重要でないことを先延ばしするのは、メリハリをつけるという意味で、「焦りグセ」の改善につながります。

しかし、本当にやらなければならない、優先度の高いものなのに、やる気にならない、先延ばししてしまう、というときには、それが常に「やらなければならないこと」「まだ終わっていないこと」として頭に残るため、その分、焦りが強くなり、「忙しさのメガネ」の色が濃くなっていきます。

そもそも、「先延ばし」は、不安と関連がある場合が少なくありません。

「うまくできなかったらどうしよう」という不安があると、なかなか手をつけられない、という人も多いのです。

あるいは、「もう少し待ったほうがよいアイディアが浮かぶのではないか」「ギリギリにやったほうが効率よくできるのではないか」などと考えて先延ばしする人もいますが、それも、「今やるとうまくいかないのではないか」という不安なのです。しかし、先延ばししてしまうと、「あれもやらなければ、これもやらなければ」「あれも終わっていない、これも終わっていない」という感じ方が、その「うまくできなかったらどうしよう」という不安の重みを伴って、また一つ増えることになります。

38ページでお話ししたように、不安というのは安全が確保されていないときに感じる感情なのですが、何も手をつけていない、つまり様子がまったくわからないときには、安全はまったく確保されていません。そんなときに感じる不安はものすごく強いものです。

ですから、「焦りグセ」から解放されるためには、「とりあえずやる」ということが役立つ場合があります。

先延ばしのときによく使われる口実が、「忙しいから今はできない」というものなのですが、とりあえず少しでも手をつけることは、実はその気になればいつでもできること。完璧に仕上げようとするから、その重圧に圧倒されてしまって、「忙しいから今はできない」と感じてしまうのです。

そして、実際に手をつけてしまえば、思ったよりも大したことなく終わる、という場合も少なくありませんし、ゼロから始めるよりも、手をつけたところから続きをするほうが、ハードルはぐっと低くなります。

また、手をつけてみると、全体の様子がわかりますから、手をつけていないときよりも不安は軽くなることが多いものです。

Point

「やらなくていいもの」以外はとりあえず手をつける

⑥ とりあえずやってみて、不安になったら？

ただし、ちょっと手をつけた結果、かえって「こんなに大変なんだ！」「こんなに難しいなんて、私にはできない！」という感じ方が強まって余計に不安になる人もいると思います。

そんなときには、それでも繰り返し「とりあえずやる」を続けることがお勧めです。

この、「とりあえずやる」は一つの変化を起こすということです。そして変化とは、それ自体が、人の不安を喚起する性質を持っています。

それまでとは違うことを経験するのは、「安全が確保されていない」という感覚を刺激して当然だからです。

これはどんな変化についても言えることで、程度の差こそあれ、何かしらの不安を感じるのは当たり前のことなのです。

とくに、「焦りグセ」にかかっているときは、不安が強くなっている状態にあるので、変化には敏感。不安が強いときに変化に直面すると、人の心は、新しいことについて「とても大変なこと」と感じ、それまでの状態（変化する前）のほうがよかった、と思う仕組みになっています。

つまり、変化を不安に思い、避ける方向に思考や感情が働くのです。

ですから、「とりあえずやった」ときの印象によって、「こんなに大変なんだ！」「こんなに難しいなんて、私にはできない！」と感じてしまうと、本当にそんなに大変なことなのか、それをやらなかった場合にどうなるのかなどと冷静に検討することができなくなってしまうのです。

これに対して、「とりあえずやる」を繰り返す、ということは、変化に慣れていく、ということ。「やる」ということを、変化という衝撃的な体験ではなく、日常にしていくのです。

すると、それが実物大でどのくらい大変なことなのか、という現実が見えてきます。第一印象の「こんなに大変なんだ！」「こんなに難しいなんて、私にはできない！」という感覚が和らいで、何とかできそうな感覚がつかめてくるのを感じられると思います。

本当にやらなければならないことなのに先延ばししてしまうと、結局は「あれもやらなければ、これもやらなければ」「あれも終わっていない、これも終わっていない」という感覚が増すだけ。つまり、「忙しさのメガネ」の色が濃くなってしまうので、注意が必要です。

秘訣は、とにかく一つ一つ片付けていくこと。その際には、余計なことを考えず、「とりあえずやる」という意識が必要なのです。

また、やるかやらないかを考えているうちに時間だけが過ぎていく、という人もいると思います。

これも、優先順位をきっぱりと判断することができないような性質のものなら、「とりあえずやる」という方針を持っておくとシンプルになります。

やるかやらないかを考えている時間があれば、少しでも「とりあえずやる」をやっておくと、その日には十分な時間がとれなくても、次に手をつけるときのハードルが下がっているはずです。なお、一回だけ手をつけてみて、かえってパニックになるという人はとくに、先述の、「とりあえずやる」を繰り返す、ということを忘れずにいてください。

Point

大変そうに見えるのは、新しいことをしているから

⑦「無駄な時間」の効用

よく「非生産的な時間の使い方」としてやり玉に挙げられるテレビやパソコン、スマホ、ゲームなどですが、「ついついこれらに時間を費やして焦ってしまう」ということもあるでしょう。しかし、一見「無駄な時間」と思えるこれらの時間にも意味があります。

例えば、不安による「先延ばし」ということもありますが、実は疲れているだけ、という場合も多いものです。

テレビをボーッと見ている、単調なパソコンゲームなどを漫然と続けている、などというのは典型例ですが、このとき頭はほとんど使っていません。

つまり、疲れていて頭をいろいろと使ったりできないときにそうなりがち。もちろん本当に休むのなら眠ってしまったほうが効果的ですが、頭が休まらないうちは眠りにつけないという人も存在します。そんな自分を「無駄な時間を過ごした」と見るのではなく、「それほど疲れていたんだな」と見られるようになるとよいでしょう。

実はうつ病という可能性もありますので、最近を振り返って過労気味だと思ったら、休息や専門家への相談もよいでしょう。

それ以外の場合、不安だから先延ばしするのか、疲れているから気力がないのか、という区別は難しいかもしれません。簡単な区別の仕方として、「とりあえずやってみる」は方法の一つ。そこから気分が乗れば、不安のために二の足を踏んでいたのでしょうし、余計に疲れた、ということであれば、やはり疲れていたのだと思います。休息を優先したほうがよいですね。

Point

自分が疲れていないかチェックしてみる

8 「今」に集中すると、仕事の質もあがる

例 自分が満足するクオリティでないと納得できないので、仕事がいつ終わるかわからない。今やっている企画書ももっといい案が思いつくかもしれない。時間ギリギリまでいつも焦ってしまう。

71ページで、「先延ばし」しがちな人は、「うまくできなかったらどうしよう」「もう少し待ったほうがよいアイディアが浮かぶのではないか」「ギリギリでやったほうが効率よくできるのではないか」などという不安を持っている場合が多い、ということをお話ししました。

しかしそれは手をつける前に限られたことではなく、ここに挙げた例のように、すでに仕事に手をつけている場合でも、同じような不安によって、な

かなか仕上げることができなくて焦ってしまう、という人も少なくありません。これは「完璧主義」と呼ばれるものですが、一応は仕上がっても、「まだ足りないところがあるのではないか」「もう少し改善できるのではないか」と、「完璧」を目指してしまい、なかなか終えることができないのです。

もちろん「完璧」を目指す限り、仕事が終わらないのは当然です。

「まだ足りないところがあるのではないか」という目で見れば、常に何かしらは見つかってくるでしょう。

あるいは、本来よく仕上がっていたのに、「まだ足りないところがあるのではないか」という目で見た結果として、変にいじってしまい、全体のバランスが崩れ、余計な仕事が増える、などということにもなりがちです。

この迷路から抜け出すための手段も、やはり「今」への集中です。

人は「今」に集中するとき最も力を発揮することができる、ということを見てきました。そんな状態で為された仕事は、完成度・満足度が高くなります。おそらく、それ以上を期待してもあまり意味がない、ということになると思います。

「まだ足りないところがあるのではないか」と思いながら仕事をするということは、「今」に集中していない証拠。余計な思考に気が散っているからです。

「今」に集中すれば、仕事の完成度・満足度も上がり、効率も最もよくなり、達成感も得られて「忙しさのメガネ」の色が薄くなるのですから、こんなによい方法はないのではないでしょうか。

Point

「足りないのでは？」という
完璧主義が邪魔をする

第3章

「メリハリ」で
「焦らない人」になる

① 自分の人生のオーナーになろう

「忙しさのメガネ」を通して現実を見ている限り、そしてその色が濃いほど、見える風景はいつも同じ、ということになります。見えているものは目の前にある現実ではなく、「あれもやらなければ、これもやらなければ」「あれも終わっていない、これも終わっていない」という想念だけ。

これでは人生のオーナーとは言えませんよね。なぜなら、無用の不安や焦りに振り回されて、何とかこなしながら生きている状態だからです。

まさに、「焦りグセ」に乗っ取られた人生。

「やらされている人生」から脱して、人生を自分のものとして取り戻すための一つの有効な方法が、「メリハリをつける」ことです。本章では、この「メリハリをつける」ということについて、より詳しく見ていきましょう。

メリハリをつけるためには、ただ漫然と「焦る気持ち」に流されて生きていくのではなく、「自分の」判断が必要です。「自分で」判断する、という時点で、すでに人生との主体的な関わりが生じ始めます。

メリハリをつけるということは、自分の判断によって、物事に優先順位をつけるということなのです。

それは単に、「仕事を効率よく仕上げるためには何を優先すべきか」ということだけではありません。より大きく人生全体を視野に入れたときに、自分はどう生きていきたいのかを自覚し、どこに手をかけ、どこで手を抜くかを考えるということです。これは、「焦りグセ」のまっただ中で、「忙しさ」「忙しい感」に振り回されて日々を生き延びる、というのとは対極にある姿勢です。「焦りグセ」に振り回されているときは、自分が「忙しさ」に試されているようなもの。「どこまでこの忙しさに耐えられるか」の罰ゲームをしているようなものです。

一方、メリハリをつけて、「自分らしい人生」を送るということは、自分の好みに合わせて人生を築き、調整していくこと。

ときには忙しく、ときにはリラックスして、バランスのよい人生を送っていくことです。もちろんその主役は自分自身です。忙しさの罰ゲームの哀れな一参加者でいるよりも、人生の主役として充実感や達成感を持って生きていったほうがずっと気持ち良さそうですよね。

Point

人生を自分のものにしたかったら、「メリハリ」をつけること

②「忙しくない時間」にも意味がある

メリハリをつけるとは、「忙しい時間」と「忙しくない時間」の区別をつけることです。ところが、「焦りグセ」を持つ人の多くが、「忙しくない時間」を怖がります。「こんなに忙しいのに、休んでいる場合ではない」と感じるからです。

しかし、実際の効率を見ると、いつも忙しがっている人よりも、メリハリをつけている人のほうが効率的で生産的である場合が多いものです。

なぜかと言うと、メリハリをつけている人は、「今」に集中しているから。

人は「今」に集中するとき、最も効率よく動くことができる、ということは前章で見ました。何かをやりながら「あれもやらなければ、これもやらなければ」と思うことは集中を妨げ、結果としてかえって時間がかかることになります。すると、ますます「焦る気持ち」が強まります。

一方、メリハリをつけている人は、「この時間はこれだけやればよい」「あの件は、今は考えなくてよい」と割り切れますので、「忙しくない時間」に充電し、「忙しい時間」には目の前にあることに集中して取り組むことができます。

これはよく「気分転換の時間を持ったほうが生産性が上がる」と言われるのと同じようなことです。

気分転換をするとリフレッシュできますが、より本質的には、「気分転換の時間を設けることで、メリハリがつく」と言うことができます。

「今は仕事に集中する時間」「今はリフレッシュする時間」とメリハリをつけることによって、消耗を最低限に防ぎ、いつも新鮮な気持ちで目の前のことに取り組むことができます。実際、仕事に煮詰まってしまったときに、気分転換の時間を設けることによって、「さあ、再び頑張ろう」という気持ちになった経験がある人も多いと思います。

これは、エネルギーを充電できただけではなく、「気分転換しよう」と決めた時点で、ただ「やらされている感」に圧倒されて「忙しさのメガネ」に振り回される、というパターンを自分でやめるという側面も大きいのです。

気分転換の時間には、仕事のことは忘れて気分転換に集中する。
そして、エネルギーが戻ってきたら、再び目の前の仕事に集中する。

そんなやり方が、最も効率を高めます。

Point

気分転換で「忙しさのメガネ」に振り回されない人になる

③ なぜ「気分転換」できないの？

いつもなぜか焦ってしまう「焦りグセ」のある人は、「追い立てられていないと自分は怠けてしまう」と思い込んでいるのかもしれません。その場合、気分転換することに抵抗がある場合も多いでしょう。

一度でも気分転換を自分に許したら最後、怠けてしまって、やらなければならないことに再び戻れなくなってしまうのではないか、と考えがちだからです。

その思い込みのために、気分転換を自分に許すことができず、メリハリのない、「あれもやらなければ、これもやらなければ」「あれも終わっていない、これも終わっていない」という世界に生きている人は案外多いと思います。

しかし、繰り返しになりますが、人間には限界があります。気分転換もせずに「やらなければならないこと」を続けていると、あちこちが疲れてきます。

そして、疲れた目で見ると、「やらなければならないこと」の苦しさがますます強く感じられるものです。

疲れてくると、「あれもやらなければ、これもやらなければ」「あれも終わっていない、これも終わっていない」がひどくなってきます。不安のコントロールが効かなくなるからです。

無理して何かを続けると、疲れて効率が落ちるだけではなく、不安や焦りをより強く感じてしまうでしょう。

そして、その結果として、「もう二度とあんな苦労をしたくない」という恐怖だけが心に刻まれる場合もあります。本来はそれほど重い負担でなくても、絶望的に重い負担に感じられてしまうのです。

そして、その恐怖の体験が、ますます「仕事はしんどい」「いつも追い立てられていないと間に合わない」という思い込みを強めることになるのです。

実際には、気分転換すると、「やらなければならないこと」を見る目も変わります。

絶望的に重い負担に感じられていたはずのものに対して、「やってみたら早く終わるかも」「とりあえずやってみよう」となっているはずです。そして、「とりあえずやってみる」という姿勢になることで、「今」に集中することができますから、仕事の効率も上がります。それでも「気分転換から戻れるか心配」という人は、気分転換の時間をきちんと決めるといいでしょう。

タイマーをセットし、その時間だけは「やらなければならないこと」を忘れ、リフレッシュに集中してみてください。

タイマーが鳴ったら、自動的にもともとやっていたことに戻ればいいのです。気分転換の時間は、自分が許せる範囲よりも少し長めにとったほうがよいと思います。そのほうが気分転換に集中することができるはずです。

怠けるのが怖い人であれば、気分転換の時間を、「集中力を高めるためのトレーニング」と見たほうが受け入れやすいでしょう。

仕事に集中する時間、リフレッシュに集中する時間、と常に目の前のことに集中できる自分を作ることは、あらゆる場面で「効率」と「持続可能性」を高めます。そのためのトレーニングだと考えれば、「気分転換などしたら永遠に怠けてしまうのではないか」という不安を減らすことができるでしょう。

Point

タイマーを使って
しっかり気分転換する

④ ときにはあえて忙しさを引き受けてみる

メリハリのコツ1　気分転換する

ここまでは気分転換のご説明でしたが、次は2つ目についてです。

メリハリのコツ2　時間を「投資」する

メリハリをつける際には、後々時間の節約につながると思うものにあえて時間を投資する、という考え方も必要です。

「あれもやらなければ、これもやらなければ」「あれも終わっていない、これも終わっていない」と考えて何かをするのではなく、「一時的に忙しくなるけれども、ここであえて時間を使って取り組んでおけば、後で楽になる」と考えて主体的に引き受けるのです。

例 公共料金の引き落としの手続きをしていないので、しょっちゅう止められそうになって焦る。でも、忙しくて手続きができない。

この例など、「引き落としの手続き」という投資をするだけで、その後永遠に忙しさから解放される、という典型例でしょう。そして、手続きを実際にしようと思えば、何とかできるはず。現実には、書類をもらって少々記入して捺印《なついん》し、投函するだけなのですから。

実際に手続きをしてみると、「忙しさのメガネ」がどれほど悪質だったかがわかるはずです。「忙しさのメガネ」を通して見ていたときには「忙しいからとてもできない」と思っていたものが、実はほんの少しの時間と労力しか必要としないことに気づくでしょう。

「しょっちゅう止められそうになる」というサバイバル人生を送っている

と、結局は止められそうになるたびに支払いに行く、という余計な時間がかかってしまいますから物理的な忙しさも増しますし、追い詰められる体験をするたびに「焦りグセ」も悪化します。

ですから、「焦りグセ」を直すためには、あえて時間を作って「引き落としの手続き」という投資をしたほうがいいと言えます。

例 忙しくて運転免許証の更新に行けず、無免許に。情けなさすぎて、思い出すたび腹が立つ。

この例は、まさに象徴的と言えるでしょう。ちょっとした時間の投資を怠ったために、次に免許証を手にするには膨大な時間が必要となるのです。きちんとメリハリをつけて、他の用事に優先して免許証の更新に行っていれば、免許が失効することなどなかったはずです。

免許のような性質のものは、先延ばしのツケがあまりにも大きいので、かなり優先度の高い用事になると言えます。

免許証が失効したら大変なことになる、というのは、知識では誰もが知っている話です。それなのに、「忙しさのメガネ」で見ると、「あれもやらなければ、これもやらなければ」「あれも終わっていない、これも終わっていない」だけしか見えなくなり、免許証が失効したら大変なことになるという当たり前のことすら目に入らなくなってしまうのです。

例 仕事を手伝ってもらいたいけれど、その準備が面倒くさくて、自分で全部やるクセがついている。だからいつも忙しいし、焦ってしまう。

「手伝ってもらう」ということが現実的で、自分の忙しさが確実に減るということであれば、あえて一定の時間とエネルギーを使ってその準備をするのは、脱「焦りグセ」につながります。

この類《たぐい》のことは、どこかで腹をくくる必要があります。これは、お金の投資と似ています。お金の場合も、儲かると見れば、どこかでどんとお金をつぎ込む必要がありますし、それをしない限り大きな儲けは望めないでしょう。

時間についても同じ。「これは時間の節約につながる（時間が儲かる）」と見たら、それを実現するために時間をどんとつぎ込むのです。

投資は、利益が見込めるものに対してするもの。手伝ってもらうことに時間的利益が見込めるのなら、「面倒くさい準備」を投資と考えてみましょう。

そのために仕事の時間が増えたり、他の仕事がいったん滞《とどこお》ったり、睡眠時間が一時的に少し短くなったりするかもしれません。しかし、その時期に手をかけておけば、必ずリターンはあるのです。

逆に、そこで手をかけないと、「本当は手伝ってほしいのに」という被害者意識を持ち続け、「焦りグセ」を抱えたまま、人生を無駄遣いすることになってしまいますね。

ただし、投資と考えるからには、準備を整えればきちんとできる人に任せないとうまくいきません。もちろん人間に完璧はありませんから、どの程度をその人にとっての「きちんと」として期待するかは調整が必要です。

例えば、こちらが考える「きちんと」はできなくても、「わからないときは必ず確認を求めてくれる」なども、一つの「きちんと」の形でしょう。

現実的に相手に期待できる「きちんと」を確認しておけば、「ちゃんとできているだろうか」という不安を減らせます。「焦りグセ」のエネルギーは不安。何であれ、不安を手放すことは、脱「焦りグセ」につながっていきます。

Point

未来のために今、やることをやってしまう

⑤ 優先順位はこうつける

「メリハリをつける」という意味では、「今は何を優先すべき時期か」を考えることもとても重要です。

メリハリのコツ3　優先順位は期間を決める

例えば、育児と仕事の両立が難しい時期には、普段は優先順位の高い「節約」の順位を下げて、ベビーシッターやタクシーにお金を使う、というふうに考えるのもよいでしょう。確かに節約は大切なことではあるけれども、重要なのは、「今」、何を優先すべきか、ということです。

反対に、時間には余裕があるけれども経済的な不安が強い時期は、「節約」がかなりの優先事項になると思います。

例　専門職。働き出してから、仕事を覚えるために、この半年仕事中心の生活をしている。他のこともやらなきゃと焦りそうになるけど、とにかく半年は、と頑張っている。

仕事についたばかりのとき、あるいは転職なり異動なりをした後は、「一定期間、仕事を最優先にする」という意識を持つと役に立ちます。そんなことは誰だってわかっている、と思うかもしれません。

しかしここで重要なのは「一定期間」という部分です。

つき合いが悪いと言われようと何だろうと、一定期間は仕事に専念させてほしいということを、自分で決めると同時に、周りにも公言するのです。すると、余計な誤解を受けるリスクも減らせます。

「一定期間」は、職種によりますが、「3カ月間」「半年間」「一年間」など、とりあえずきちんと決めておくのがよいでしょう。

「まずは半年間、仕事に専念してみる」と決めておけば、実際にはそれよりも早く適応できたとしても、あるいはもっと長い期間が必要だとしても、単に調整すればよいだけです。

重要なのは、期間を決めて集中すること。これは、その間、他のことがおろそかになる自分に罪悪感や不全感を持たないですむことにつながります。

また、仕事に専心すると決めておけば、「あれもやらなければ、これもやらなければ」「あれも終わっていない、これも終わっていない」という「忙しさのメガネ」を手放すことができます。

実際に仕事そのものは忙しくても、他のことに気を散らさなければ、必要最低限の期間で、最大の成果を上げることができるでしょう。

もちろん、仕事を最優先する時期だからといって、他のことをやってはいけないというわけではありません。すでに見てきたように、リフレッシュ効果があることをすれば、仕事の効率も上がるでしょう。

その際、「仕事を最優先にできていれば、他のことは中途半端でかまわない」という意識のメリハリが重要です。

そうしないと、すぐに「あれもやらなければ、これもやらなければ」「あれも終わっていない、これも終わっていない」が戻ってきかねないので、そこだけ注意してください。

Point

何かに集中すると決めたら、期間限定で

⑥ 締め切りは自分から「前倒し」

締め切りに追われて生活している人にとって、「締め切り地獄」はきついもの。仕事そのものも大変ですし、「間に合うだろうか」「もしも間に合わなかったらどうしよう」という不安が上乗せされると、その焦りはかなりのものになります。

中には、「締め切りが近づかないとやる気が出ない」「ギリギリまで自分を追い込んだほうがよいアイディアを思いつく」と言う人もいます。

そういう人は、「もしも間に合わなかったらどうしよう」という不安のエネルギーで仕事をしていると言えるでしょう。

不安のエネルギーで生きていくことはきついもの。かなり消耗します。

そして、「焦りグセ」のエネルギーは不安ですから、こんなふうに「もしも間に合わなかったらどうしよう」という状況の中で自分を追い込んでばかりいると、当然「焦りグセ」も悪化します。

そんなときに、脱「焦りグセ」のために役立つ方法があります。それは、締め切りを自分で前倒しすることです。締め切りのある仕事の場合、可能な限り、早く仕上げてしまうのです。

メリハリのコツ4 「前倒し」してやる

今までの経験から「ギリギリまで追い込んだほうがお尻に火がついて集中できる」と思っている人もいるでしょうが、それは、「ギリギリまで追い込んだこと」が本質なのではなく、「結果として集中せざるを得なくなった」ということが本質なのです。

それがいつであろうと、集中さえすれば、ギリギリのときに発揮されるのと同じ力を出すことができます。

どうせやらなければならないことであれば、いつやっても同じ。ですから、ちょっと頑張って、締め切りを自分で勝手に前倒しするのです。

「そんなことができるのなら、最初からやっているよ」「締め切りに間に合わなくて焦ってしまうのに、前倒しなんて」という人もいるかもしれませんね。でも、「前倒し」は、ただ仕事が期日通り終わる以外に様々な効果があります。

「焦りグセ」を作る要因の一つに、「やらされている感」があるということを見てきました。

同じ忙しさでも、自分がやりたいことを存分にやっているのであれば、物理的に忙しくても、むしろ達成感や充実感を持つことができ、「焦りグセ」に特有の被害者的な感覚にはなりにくいはずです。反対に、周りのペースに巻き込まれてしまうと、「忙しい感」が強まり苦しくなります。

締め切りを前倒しする効果は、「自分のペースで仕事ができる」ことです。

締め切りに縛られて仕事をするのは、先方が決めたペースに巻き込まれているだけ。

「もしも間に合わなかったらどうしよう」という不安で自分を追い込むのではなく、締め切りとは関係なく「今」に集中して仕事をしていくことで、心もとても安定しますし、仕事の効率も上がるはずです。そして、一つ仕事が仕上がれば、その達成感から「忙しさのメガネ」の色はぐっと薄くなるはず。

例 仕事を定時に終わらせるために無駄なくやるのはかえって疲れる。残業1時間になってもいいから、全力疾走はしたくない、と思うこともある。

これは、締め切りの前倒しとは逆のパターンなのですが、先方が決めたペースに巻き込まれず主体性を発揮する、という意味では同じことです。

定時というのは、あくまでも職場の決まりですから、自分にとってそれが最もよいタイミングかどうかはわかりません。だから、後倒ししたほうが自分のペースでできるなら、それでもOKなのです。大切なのは、焦りに振り回されてやるのではなく、今に集中して、自分のペースでやること。

メリハリをつける、というのは、自分が主体的に動くということです。

たまたま終わる時間が定時よりも1時間遅いとしても、自分のペースで仕事をしているのであれば、それは「メリハリをつけている」と言えるでしょう。

Point
主体的に動くために、「前倒し」する

⑦ 何事も「できるだけ」と考えよう

例

仕事がいつも忙しく、急な出張や残業、休日出勤が入りがち。もしそうなって、ドタキャンになったらどうしようと焦ってしまい、プライベートの予定を入れられない。行きたいコンサートにも行けないし、友達とも最近会えてない。

「予定が立たない」「もしかしたら予定が入るかもしれない」というのも「焦りグセ」に特徴的な感じ方の一つです。結果として、未来にできるかもしれないことの可能性を私たちからどんどん奪っていきます。

しかし、本当に忙しく、かつその忙しさが予測不能な場合、「もしかしたら」に備えていると、本当に人生を「生き損なう」ことになってしまいます。

「もしかしたら用事が入るかもしれない」と待機していると、人生全部がスタンバイになってしまうのです。

それよりは、「少しは無駄になってもかまわない」と、予約をしておき、本当にだめになってしまったら諦める、という生き方のほうがずっと可能性が広がるはずです。

もちろん予約せずに行けるものならそれでもよいでしょう。予約よりも当日のほうが料金が高い場合もあり、損した気分になるかもしれませんが、一番の損は何かと考えてみてください。

やはりそれは、人生の質が損なわれることだと思います。

ここで必要となるのは、まず、「現実の受け入れ」です。

「自分の仕事は、予約をしてどこかに行くという形には向かない」という現実を受け入れ、その中でできるだけやっていく、という発想に転換すると、人生の質が向上していきます。

そして、この「できるだけ」という考え方は、「忙しさのメガネ」を手放す上でとても有効です。

それは、「あれもやらなければ、これもやらなければ」「あれも終わっていない、これも終わっていない」という感覚の対極にあるものだとも言えます。

「できるだけ」というとき、視点は現在にあり、そこから一歩一歩足をのばしていく感じがします。視点が未来に行き現在を乗っ取ってしまう「あれもやらなければ、これもやらなければ」「あれも終わっていない、これも終わっていない」とは方向性が逆なのです。

簡単に言えば、これは完璧主義を手放すということでもあります。

完璧主義のエネルギーも不安からきています。「どこか足りない」という不安感を消し去りたいと考えるのが完璧主義だからです。それを手放して、「できるだけでよい」と思うことは、不安を手放すことそのものなのです。

実は、「焦りグセ」の人は現実を受け入れていないことが多いものです。

自分の現状を、いつも「どこか足りない」というように感じてしまい、そのまま受け入れることができないのです。この感じ方はある意味、当然のものだと言えます。「あれもやらなければ、これもやらなければ」「あれも終わっていない、これも終わっていない」と思っている人が、自分の現状について「どこか足りない」と思うのは当たり前ですね。だから、現実は現実、と割り切るところから、「忙しさのメガネ」は手放せるようになります。

なお、「現実の受け入れ」は、予約しておいたのにキャンセルしなければいけなくなった、というようなときにも必要な姿勢です。

「せっかく予約しておいたのに」「楽しみにしていたのに」と、現実を受け入れたくない気持ちになるでしょうが、「これは現実なのだから受け入れるべき」という考え方をしないほうが早道。それよりも、「せっかく予約しておいたのに、本当に残念」「楽しみにしていたのにひどい」という自分の気持ちをそのまま受け入れることが、「現実の受け入れ」の第一歩です。

そこで感情を抑制してしまうと、なかなか現実を受け入れることができなくなります。何と言っても、「本当に残念」「ひどい」と思う自分も、間違いなく現実の一部だからです。

Point

「できるだけ」でＯＫにする

⑧「親しい関係」を損ねないために

「できるだけ」という考え方は自分自身にはそのまま適用できますが、そこに家族や友人なども関わっている場合には、その人達との関係が損なわれないように気をつける必要があります。

前項では、予定していたことがだめになったとき、「せっかく予約していたのに、本当に残念」「楽しみにしていたのにひどい」という自分の気持ちを受け入れることが大切だということをお話ししましたが、これはそのまま、家族との関係にも応用できます。

家族の人たちも、「本当に残念」「ひどい」という感情を持っており、それを受け入れていく必要があるからです。

ここで重要なのは、「本当に残念」「ひどい」という気持ちを家族と共有すること。どちらも運命の被害者である点は同じだからです。

こちらが「仕事なのだから仕方がない」というような「物わかりのよい」姿勢を示すと、家族はがっかりした感情を受け入れてもらえないと感じて、激怒してしまいます。

それよりも、「本当に残念」「ひどい」という自分の気持ちを知らせることで、家族と同じサイドにつくことができます。

もちろん、がっかりしたり怒りを覚えたり、という感情を直ちにゼロにすることはできませんし、消化するためにはある程度の時間が必要なのですが、相手が共感してくれていれば、関係を根本的に損ねることはないでしょう。

「自分も行きたかった」「自分も楽しみにしていた」ということが伝われば、家族や友人をないがしろにしているわけではなく、こちらも同じ被害者であることがわかるからです。

例 友達から、「来週どこか空いてない？」と聞かれても、仕事が終わるかどうかわからず、すごく焦ってしまう。1カ月先の約束でも、仕事が入るかもしれないしと確約できない。「忙しいから、行けたら行く」と返事して、間際になって「やっぱり行けない」と断ることもあり、つき合いが悪いと思われている。

この状況や心境はとてもよく理解できます。こんな形で友達を失っていくのは嫌ですね。そもそも、ここで相手から「つき合いが悪い」と思われているのは、物理的な忙しさそのものによるのか、それとも「焦りグセ」によるのか、どちらなのでしょう。

「忙しいから」と言っている本人は、物理的な忙しさのせいだと思っているのかもしれませんが、誘ってくれる相手に実際に伝わっているのは「忙しくて」「行けたら行く」「やっぱり行けない」の3つの言葉です。

その背後にある悶々《もんもん》とした気持ちは、伝わっていない可能性が高いですね。

これでは、「つき合いの悪い人」を超えて、「そもそも友達でいたいの？」という気持ちを相手の中に引き起こしてしまうかもしれません。

しかし、人との関係は、物理的に共有する時間だけではありません。人との関係性を決定的に決めるのは、その態度でしょう。

例えば、「忙しくて」「行けたら行く」「やっぱり行けない」というとき、どのくらいの事情を説明し、どんな態度をとっているでしょうか。「すごく焦る」とありますが、そんな焦りの気持ちは伝わっているのでしょうか。焦るのは、「確約したいのに、できない。どうしよう」と思うからであって、相手への気持ちがあってこそのもの。そこが伝わらなければ、相手への気持ちが伝わりません。

相手に伝えたいことは何でしょうか。

「本当は一緒に行きたい」「親しくしたい」ということでしょう。ところが、焦っているときには、このような気持ちは伝わらないことが多いのです。

なぜかと言うと、「どうしよう、どうしよう」という思考ばかりに気持ちを奪われてしまって、相手に注意を向けられなくなってしまうからです。

これも、「焦りグセ」の症状の一つだと言えます。

「あれもやらなければ、これもやらなければ」「あれも終わっていない、これも終わっていない」ということばかりを見ているので、「相手」に何を伝えたいか、「相手」には実際に何が伝わっているのか、というところに考えが及ばなくなってしまうのです。

本当に断れないタイプの仕事をしているのであれば、その悲しさを相手に伝えて「大変だよね」と共感してもらえるはずです。

そして、常に自分は間際に断る可能性があるということを前提に、他の友人を交えて予定を立てるなど、計画全体を組んでもらえばよいのです。
間際になって断るときも、「本当にごめんね」「私も悲しい」と、相手に伝えたい自分の気持ちを伝えてみると、雰囲気がずっと変わってくるでしょう。

相手と物理的に時間を共有することと、親しさを育てることは、重なるところも多いとはいえ、同一のものではありません。

「つき合いがよい」人が必ずしも人気者だということはありませんし（便利な存在だとは思われているでしょうが）、つき合いがよければ本当の親友になるということもありません。

親しくなるということは、安心して本音を打ち明け合えること。自分の過酷な職場について話すことができ、「本当に会いたい」と伝え、だめになったときに本当にがっかりして残念な気持ちを伝えられること。

「つき合いが悪いと思われているのではないか」などと思っているときに

は、どうしても目は「つき合いが悪いと思われているであろう自分」に向いてしまいます。

何となく後ろめたい気持ちになって、どちらかと言うと相手に背を向けるような感覚になってしまうはずです。

この「相手に背を向けるような感覚」こそが、真のつながり感を損なう、ということは現実に多いはずです。

それよりも、相手をまっすぐに見て、「本当にごめんね」「悲しい」と伝えたほうが、よい「つき合い」になりますし、親しさも増すでしょう。

Point

時間を共有できなかったら、気持ちを伝える

第4章

いらないものを
手放せば、
焦らなくても大丈夫

① 本当に必要なこと、やりたいことだけ

前章では、メリハリのつけ方についてお話ししましたが、メリハリをつけることが大切なのは、「不要なもの」を手放せるからです。

「焦りグセ」を手放すためには、やるべきことに大胆な優先順位をつけることがとても大切です。

「あれもやらなければ、これもやらなければ」「あれも終わっていない、これも終わっていない」まで一緒に見えてしまうときには、「あれは後でいい」「これはとりあえず考えなくてよい」という作業をしなければならないのです。

最近では、物に関しては「捨てる」ことの価値が共有されつつあります。物の少ない住居やオフィスを「美しい」と感じる人も多いですし、その機能性はもちろんすばらしいものです。

でも、「何をするか」ということについては、ごちゃごちゃと散らかった状態が続いている人が多いのではないでしょうか。

まさに「あれもやらなければ、これもやらなければ」「あれも終わっていない、これも終わっていない」状態。

しかし、物のレベルで考えればわかりやすいと思いますが、他人が持っている物をすべて自分が持つ必要はありません。持っていることで「無駄」になるものもありますよね。

無駄な物を手に入れると、お金も無駄になりますし、空間も奪ってしまいます。さらには、その物がメンテナンスを要したり、物が散らかっているために生活全体の効率が悪くなったりすれば、時間すら無駄になる、ということになります。

「何をするか」ということについても実はまったく同じ構造です。

例えば今やっていることが自分の人生にはまったく関係のないものだったり、合わないものだったりすることもあると思います。

また、そんなことを「他人がやっているから」という理由でやってしまうと、時間も無駄になりますし、本来自分がやりたいことのために残される時間が減ってしまいます。

何と言っても、時間あたりにやらなければならないことの量が増えすぎてしまいますから、「あれもやらなければ、これもやらなければ」「あれも終わっていない、これも終わっていない」という感覚も強まると思います。つまり、「焦りグセ」が悪化するのです。

ですから、本当に自分にとって必要なものか、あるいはとてもお気に入りのものか、という軸で判断して、物をシンプル化するのと同じように、「何をするか」についても、必要性、お気に入り、という軸で考えてよいのです。

特に、インターネット関連に関しては再考の余地があるかもしれません。

例

フェイスブック、ツイッターなど、マメにやっている友人が多い。ブログも更新して、メールもよくくる。みんな充実していそう。自分はあんなふうにマメにできないと焦ってしまう。

例

毎日、SNS、ネット、ショップやレストラン、カフェの情報チェックなど、けっこうやることがいっぱい。大変だな、と感じる。

例

オススメされたサイトをブックマークしたけれど、後日それを活用することはない。みんないろいろ活用していてすごいなと焦る。

そもそもこの情報化時代、あらゆる情報を追っていたら、それだけで人生が終わってしまいます。また、追う価値のない情報もあります。自分にとって何が必要なのか、何に価値があるのか、ということを考えながらでなければ生きていけない時代になっています。

ここに挙げた例の人たちはいずれも「他の人はできているのに自分はできていない」ということで自分がだめだと思っているようですが、これは、67ページでお話ししたこと、つまり、「コップに水が半分しか入っていない」という見方です。

しかし、発想を転じてみれば、今、他人が何をやっていようと、自分がそれを「やらずにすんでいる」ということもまた事実なのです。

そういう余計な要素を持ち込まずにせっかくシンプルに送れている生活を、ネガティブに、「足りないもの」として見る必要はないはずです。

「やらずにすんでいる」ということは、本当に必要なものではないのかもしれません。それでも、と思う人はこう考えてみてください。

「自分がこの社会で生きていくための最もシンプルな形は何か？」

生きていくために本当にやらなければならないことだけに絞ると、自分の生活はどんなふうになるだろうか、とイメージしてみます。それはかなりシンプルなものであるはずです。

そうやって、必要最低限のシンプルライフを頭の中で描いてみて、それに加えて、「本当に興味があってやりたいこと」を少しずつ上乗せしていく、というふうに考えてみれば、「焦りグセ」に圧倒されずにすむでしょう。

Point

無駄にやってしまっていることを探す

②「べき」ではなく「したい」で選ぼう

「焦りグセ」から解放されて自分らしいシンプルライフを目指していく際に、必要性とお気に入り度で選ぶ、ということをお話ししました。

しかし、人によっては、何が必要なのか、自分が本当にしたいことは何なのかの判断が難しい、ということも多いと思います。

例えば、前項で挙げたような例についても、「時代に乗り遅れてはいけない」と思っていれば、それは「必要なこと」と感じられるかもしれません。

しかし、そうやって、何でもかんでも「時代に乗り遅れないために必要なことではないか」と思っていると、ごちゃごちゃと散らかった人生になってしまいますし、「あれもやらなければ、これもやらなければ」「あれも終わっていない、これも終わっていない」と、「焦りグセ」も悪化してしまいます。

こんなとき、自分は「べき」と「したい」とどちらで選んでいるのだろうか、と考えてみると役立ちます。

「時代に乗り遅れないために必要なことではないか」という考えは、基本的に「べき」に基づくものです。「時代に乗り遅れるべきではない」「この時代、このくらいのことはできているべき」などという「べき」があるでしょう。

一方、「こんなことができる時代になったのだから、やりたい！」と思っているのであれば、それは「したい」ことになります。

この二つの違いを簡単に知る方法があります。
それはできていない自分に対してどう感じるかを見てみること。

「べき」に基づいている場合、できていない自分についての感じ方は、何かしらの不安や「人間としての足りない感じ」を伴うものです。前項で挙げた3例ともが、そういう感じ方になっています。また、「べき」に基づく場合には、「他の人たち」という比較対象があります。他の人たちはちゃんとやっているのに、自分はできていないからだめだ、という感じ方でもあります。

一方、「したい」の場合はどうでしょうか。

「時間がなくて残念」「何とか時間を捻出《ねんしゅつ》できないだろうか」と、視線は、「できていない自分」ではなく「したい対象」に向かいます。

できていない自分についてどう思うかと聞かれれば、「悔《くや》しい」「残念」「何とかしたい」という感じになるでしょう。

つまり、できていない現状について、「自分がだめだから」「自分はどこか足りない」と感じるのであれば、それは「べき」に基づいて考えている証拠だと言えるのです。

例 とりあえず、今週は、友達がいいと言っていた○○監督の映画のDVDを5枚借りてきた。毎晩1本観ようと思ったけど、結局、忙しくて出だしの15分で寝てしまって、観ないまま返してしまった。

例 昨年のベストセラー小説を5冊買って、お正月に読もうと思ったのに、結局1冊目の途中までしか読んでなくて、焦る。

例 CS、BS、地上波、取りこぼしが嫌で、焦って50時間も録画。でも実は観る時間がない。

このあたりの悩みも、前項で挙げた例と同じような構造なのですが、特徴として、「自分が忙しいからできていない」というところに焦点が当たってしまっています。

それが、「あれもやらなければ、これもやらなければ」「あれも終わっていない、これも終わっていない」をさらに加速し、「焦りグセ」を悪化させているようです。

しかし、よくよく見てみると、それぞれのことは、別にしなくてもよさそうなものです。

好きでもない監督の映画、ただのベストセラー、録画した番組――いずれも、しなくても生きていけることであり、実際にやらずにすんでいるのは事実です。他人がよいと言っている映画は観ておくべき、ベストセラーは読んでおくべき、見ておいたほうがよさそうな番組は観ておくべき、とその基本は「べき」なのだと思います。

Point

「やるべき」でやっていることはやめる

③「べき」は「焦りグセ」を悪化させる

「焦りグセ」から脱して人生の主導権を取り戻すために必要なのは、「したい」を優先することです。

実は、「べき」は、「焦りグセ」を悪化させる重大な要因です。

本当はする必要もない、したくもないことなのに、「○○のために必要なことではないか」と考えて「やらなければいけない」と思っていることが案外多いからです。もちろんそれは「あれもやらなければ、これもやらなければ」「あれも終わっていない、これも終わっていない」につながっていきます。

「べき」の場合、基準が自分の中ではなく外にあって、それに合わせて行動していく、ということですから、究極の「やらされている感」をもたらすのです。そのエネルギーは「不安」。常に、「自分はちゃんとできているだろうか」と外側から自分に評価を下すようなことになるからです。

もちろん、仕事や家事などで、立場上どうしてもはずせない「べき」もあるでしょうが、本当にじっくり考えてみると、それほど重要な「べき」は実際のところあまり多くはないでしょう。

また、本当に必要な「べき」であれば、「やるべきと思いつつ、やれない」というように、日々の忙しさの中に埋没してしまうことはありません。

むしろ「否応なしにやらざるを得ない」という場合が多いでしょう。

例えば、小さな子どもに食事をとらせる、などというのは、確かに「べき」であって、「したい」と思えないときもあるのですが、それでも間違いなく、否応なしにやらざるを得ないですね。

ですから、自分の頭の中で「○○のために必要なことではないか」と考えているレベルのことは、どうしても外せない「べき」ではないことがほとんどなのです。

多くの場合、それは不安が生み出す想念と言ってもよいかもしれません。

「焦りグセ」から抜け出すために必要なことは、この想念のような「べき」ではなく「したい」を優先すること、また、「べき」と思えることを精査してできるだけ必要最低限に減らしていくこと。

つまり自分を優先することへの罪悪感をなくすということでもあると言えます。その具体的な方法は、第5章と第6章で見ていきたいと思います。

Point

「やるべき」なことは大抵「やらなくてもいいこと」

4 「周りの目」ではなく「自分の目」で見る

例 忙しくて、月1回ペースでしか休めない。実績は常にトップクラス。一方で毎週2日休めている人もいるし、自分ももうちょっと休みたいけど、休んでいたら社内で上位をキープできないかもと焦ってしまって休めない。

これも、前項でお話しした「べき」か「したい」かの話と同じなのですが、「上位をキープする」ということが、自分にとって「べき」なのか「したい」なのかを考えるよい機会だと思います。もちろん、多くの人にとって自分の実績が上位だということは嬉しいことでしょう。

しかし、「もうちょっと休みたい」というあたりからは、これは本当の

「したい」なのではなく、「べき」なのではないかと感じ取れます。

一般に、周りの目を意識している、という時点で、それは「したい」ではなく「べき」であることが多いのです。

「よい社員でいるべき」「手を抜くべきではない」などの「べき」に縛られているのでしょう。そして、本当にこんな人生を続けていきたいのか、とよくよく考えてみれば、答えはノーなのではないでしょうか。そうであれば、どこかで必ず「方針転換」が必要になるはずです。

方向転換、すなわち、ちゃんと休みをとって私生活に目を向けることです。

74ページで、あらゆる変化はストレスで、適応するためにはそれなりに時間がかかる、とお話ししましたが、周りの人たちにとっても、この「方針転換」に適応するにはそれなりのプロセスが必要になるかもしれません。

確かに、最初は「手を抜いている」という感覚を持たれることもあるでしょう。でも、減らした勤務時間の中でも誠実に仕事をこなしている姿を見ていくうちに、感じ方は必ず変わってくるはずです。

変化を起こした直後の相手の反応ですべてを判断するのは、早計というもの。「焦りグセ」から脱するためには、何であれ変化が必要なのです。

「どんな変化も最終的には乗り越えられる」ということを頭に置いて、新たなチャレンジをしてみる時期、と前向きにとらえてみるのもよいと思います。

Point

無理に頑張らない自分への周りの反応は気にしない

5
行動と目標が合っているかを考えよう

例

キャリアアップや昇進・給与アップのために、資格や英語の勉強をしているけれど、資格試験は不合格、TOEICの点数も650点から全然上がらなくて焦ってしまう。

このケースの場合、「上を求める」ことによってかえって「焦りグセ」が悪化しているわけですから、もともとの動機から振り返る必要があるでしょう。

そもそも、何のためにキャリアアップや給与アップを望むのでしょうか。

それは、「今よりも質のよい生活をしたい」「生活にもっと余裕を持ちたい」というものである人が多いはずです。

自分の裁量もなく、悪条件でただあくせくと働かされるような生活から、自分らしく働き、経済的にも余裕ができ、仕事も私生活も両立させられる生活へ。そんなイメージがあるのではないでしょうか。

しかし、これは調査の結果からも、いろいろな人の経験からもわかっているのですが、キャリアアップを目指せば目指すほど、実際に生活は忙しくなり、自由が制限されてくる、という人が多いようです。

つまり、仕事を頑張ると楽になるどころか、かえってきつくなる傾向があるのです。

仕事をしてお金をたくさん稼げば、余裕ができそうなもの。しかし、実際に起こっていることを見ると、仕事をすればするほど忙しくなり、お金の有無にかかわらず、かえって余裕がなくなる、ということが多いのです。

これはなぜかと言うと、お金を稼いで生活レベルが上がると、それを維持するためにもっと稼がなければならないから、というのも大きな理由の一つだと言えるでしょう。

また、他人から「できる」という目で見られると、その期待を裏切りたくないため、さらなるレベルアップを目指したくなる、ということもあります。

人によっては、ストレスが溜まるために、無駄遣いをしてしまって、結局手元に残るお金は薄給時代と同じという場合もあるかもしれません。

つまり、「焦りグセ」を持ちながらキャリアアップをしても、待っているのは「焦りグセ」の症状の悪化だけ、ということでもあるのです。

それでは、キャリアアップによって望んだ「余裕」は手に入りませんね。

もちろん、資格の取得やＴＯＥＩＣの点数が上がることは達成感をもたらし得るものです。しかしこの例では、「頑張っているのにできていない」

というのが現実的な結果です。つまり、今の忙しさの中でいくら頑張ってもこれ以上の結果は出ない、というのが当面の現実なのでしょう。

まずはその現実を受け入れるところからすべてが始まります。

そして、「キャリアアップして豊かな生活を手に入れたい」という目標と、現在の行動が合っていないということに目を向ければ、「今の忙しさの中、上を求めると、ますます忙しくなるし、だめな自分に焦ってしまうから、状況が変わるまで勉強はやめておこう」というのも一つの選択肢になるでしょう。

あるいは、行動は変えずに、見方を変えるということもできます。

キャリアアップも、「忙しさのメガネ」で見てしまうと、「あれもやらなければ、これもやらなければ」「あれも終わっていない、これも終わっていない」になってしまいます。しかし、「『コツコツ取り組むこと』に価値を見い出して生きていこう」と思えれば、やはりこれも「できていない」ではなく「今日はこれだけできた」と見ることができるはずです。

すると、「コツコツ取り組む」という目標と、実際の行動が、きちんと合致しますので、満足感を得ることができます。

このように、目標をどこに置くかによって、現実の見え方もまったく違ってくるのです。なお、キャリアアップ云々とは別に、本当に勉強をしたい、という方は第6章が参考になると思います。

Point

目標と行動をすり合わせる

⑥ あなたは「マルチタスク型」？「一点集中型」？

例 同僚で、仕事も順調、英会話に旅行にジム。趣味も知り合いも多いという充実している人がいて焦る。仕事している時間は自分と同じ。なのになぜ、あんなにあれもこれもできるのか？

この話は単に、その同僚は要領が良くて、見えないどこかで手を抜いている、というだけのことなのかもしれません。あるいは、エネルギーが有り余っているタイプで、常に動いていないと落ち着かないタイプなのかもしれません。

そうであれば、そもそもが違うタイプの人間であって、それぞれに長所と短所があるはずですから、単純に「目に見えてできていること」だけを比較しても仕方ない、ということになるでしょう。

また、もしかしたら、これは、「マルチタスク型か、一点集中型か」の違いなのかもしれません。

人間においては、マルチタスクをこなせる人（複数のことを同時にこなせる人）と、そうでない人が歴然と分かれているのです。

これは訓練によって変えられるレベルの話ではなく、多くが生まれつきの頭脳の構造に由来します。

頭がよい悪いの話ではありません。マルチタスクをこなせない人が「劣っている」というわけではないのです。そういう人は一つのことにじっくりと取り組み、また次の課題に移っていけばよいだけです。

唯一必要なのは「自分はマルチタスクが苦手」という自覚のみ。それがないと、「どうして自分はこんなにできないのだろう」と自己否定することに

なってしまいます。

一点集中型の人は、自分には複数の課題を同時にやりくりするような仕事を与えないほうが安全で効率的だということを、周りの人にも理解してもらいましょう。一点集中型の人が、マルチタスクを求めてしまうと、「焦りグセ」が出てしまうのは当然です。それは結果として、周囲の人にも迷惑をかけることになってしまうでしょう。

自分がどちらのタイプなのかを見極め、一点集中型だと思えば、マルチタスク型の人と同じようにやることは諦めましょう。

一点集中型の長所は、一つのことに傾ける、そのエネルギーにあります。自分に合った形で、じっくりと一つ一つのことに取り組んでいけばよいでしょう。職業を選択する上でも役に立つと思います。

このように、自分の特徴を知っていくことは、「焦りグセ」対策になります。

自分とはまったく違うタイプの人と同じようにできなければだめだ、と自分を追い込んで、「あれもやらなければ、これもやらなければ」「あれも終わっていない、これも終わっていない」という状態になっている人は案外多いものだからです。自分は人間のタイプが違うのであって、そこに優劣はないのだ、ということを肝に銘じておけば、自己否定することなく自分の人生を着実に歩んでいくことができるでしょう。

Point
自分がマルチタスク型か一点集中型か把握する

⑦ 「自分の領域」のこと以外は引き受けない

例 職場で常に部下を見張っていないと心配。そして上司が帰るまで帰れない。結局、自分の時間が奪われてしまう。

これは職場の性質にもよるのですが、もしも「本当は帰ることができる職場」なのであれば、これは「焦りグセ」の症状と言うことができるでしょう。

なぜかと言うと、そこに満ちているのは、不安の感情だからです。

部下を見張っていないと心配、というのは、まさに「見張っていないと部下がちゃんとやるかどうかわからない」という不安。

また、上司が帰るまでは帰れない、というのは、「上司が帰らないうちに帰ってしまったら、上司にどう思われるか」という不安です。

上司がいるうちに帰ることが本当に禁止されている職場なのであれば、上司に関しては仕方ないでしょう。しかし、実はそうでもないという職場も、けっこうあります。


ここで頭に入れておきたいのが、それは「誰の領域」の問題なのか、ということ。


見張られていなくてもちゃんと働くかどうか、というのは、もっぱら「部下の領域」の話です。

自分がその部下の立場に立ったとして考えてみるとわかると思います。自分がちゃんと仕事をするかどうかは、自分の性格、価値観、その日の体調など、もっぱら「自分の領域」の中の話であるはずで、どれほどしっかり見張られているかの問題ではないと思います。

逆に、見張られているからやる、というクセがついてしまうと、それこそ見張っていないと手を抜く部下になってしまうでしょう。

先に帰ったところ部下がちゃんと仕事をしていないことがわかったら、改善の提案や話し合いをすればよいだけの話。部下が「自分の領域」の問題として認識してやる気を出すように指導すればよいのです。

上司についても、自分よりも先に帰ることを明確に禁止しているのでなければ、「今日は○○があるのでお先に失礼してもよいでしょうか」と断って帰ることができます。理解のある、あるいは合理的な上司であれば、「もちろんどうぞ」と言うでしょう。実際に帰っては困る理由があるのであれば、それをきちんと伝えてくれるはずです。

人によってはちょっと不愉快になるということもあるかもしれません。しかし、「ちょっと不愉快になる」というのは「上司の領域」の中の話。

人は変化には何であれストレスを感じるということを74ページで見ましたね。言葉では「どうぞ」と言いながら嫌そうな顔をしている程度であれば、

「上司は予想外のことが起こって不愉快に感じているのだな」ととらえればよいでしょう。

それを「自分の領域」の話として引き受ける必要はないのです。

もちろん、上司をないがしろにしているわけではない、ということは、日頃の仕事ぶりや上司に対する態度などで示していけばよいと思います。「部下が先に帰ると機嫌が悪くなる」と上司についての悪口を言いふらすなどは論外です。絶対的に信用できる友人などに限りましょう。上司として尊重されて初めて寛大になれる、という人もいるからです。日頃から上司への敬意を誠実に見せておけば、「先に帰る」という変化にも上司は慣れやすいと思います。

ここで「誰の領域」の問題か、という見方をしてきたことには理由があります。

人は、「自分の領域」のことしか本当の意味で知ることができないし、「自分の領域」のことにしか責任を持てないと認識することが「焦りグセ」を軽減させるからです。

自分が「先に帰る」という同じ行動をとっても、相手によって、その結果は様々です。何の影響もなくきちんと仕事をする部下もいるでしょうし、これ幸いとサボる部下もいるでしょう。もしかしたら、先に帰ったほうがのびのびとよい仕事をする部下がいるかもしれません。

それほど多様であるということは、それが「自分の領域」ではなく「部下の領域」の話だからです。

上司についても同じです。部下が自分よりも先に帰るということをどう感じるかは、「上司の領域」の話。上司によって、その反応は様々でしょう。

このように、もっぱら相手の特徴によるもので、本当のところ相手にしかわからない「相手の領域」のことに基づいて行動しようとすると、「焦りグセ」を悪化させていくことになります。

「もしも○○したらどうしよう」という不安が「忙しさのメガネ」の色を濃くする、ということはここまでにも見てきましたが、相手にしかわからない「相手の領域」に属する問題について、あれこれ不安に思うことも、まさに「忙しさのメガネ」の色を濃くしてしまうのです。そして、実際に職場にとどまる時間が長くなって物理的に自分の時間が減ってしまいますし、「やらされている感」も手伝って、「焦りグセ」が悪化するでしょう。

まず、「自分の領域」と「相手の領域」を分けてとらえ、あとは必要があれば対策を立てましょう。

自分がいないと怠けてしまう部下なのであれば、課題を細かく出して、その日のうちに仕上げるように指示して帰る、というのも一つのやり方ですし、職場に自分がいなくても連絡がとれるようにしておくのもよいでしょう。

上司の場合、どうしても部下が職場にいることを求めるタイプの人であれば先に帰ることは難しいでしょうが、その時間を主体的に使うことは可能。

ここで意識してほしいのがメリハリです。

できるだけ仕事をしておいて上司が早く帰る日に必ず帰れるようにする、あるいは単に隙間時間にリラックスする（上司の目もあるでしょうから、場合によっては頭の中だけ）など、いろいろな時間の使い方ができるはずです。

Point

他人のことまで焦らない

8 上手に断ることを覚えよう

「焦りグセ」を直していくためには、メリハリをつけること、ということを見てきましたが、メリハリをつけるためには、優先順位の低いものを断っていくことが必要です。

この「断る」というのがやっかいかもしれません。ノーが言えないために「焦りグセ」を抱え込んでいる人は決して少なくないからです。

「きっぱりノーが言える」というのは、なぜか最近「できる人」になるための要件のようにもてはやされています。

しかし、ノーが言えないのは人間としてある程度当然のことですよね。

わざわざ相手に嫌な思いをさせたくない、できるだけ波風を立てたくないというのは、多くの人に共通した心理だと思います。

また、断られた側はもちろん望みが叶《かな》わなかったわけですから、何かしら傷つくわけです（断ってくれたらいいな、と思いつつ儀礼的に誘っている場合は別でしょうが）。

上手な断り方として断然お勧めなのは、完全に自分側の事情にすること。

「風邪を引いた」「仕事が終わらない」など、自分側の余裕のなさをアピールするのはとてもよいやり方です。

そして、「できればやりたいのだけれど」「本当にごめんなさい」と、本当は相手の役に立ちたいのだということも追加すれば、相手を尊重することになります。

ポイントは、「相手の依頼が不適切」という言い方をしないことです。

「こんなに忙しい時期に言われても……」
「この前やったばかりなのに……」
などと、相手の依頼について何であれ評価を下さないこと。
自分が期待したことが却下されるだけでも不快なのに、期待すること自体が不適切だったからだ、と言われたら、追い打ちをかけることになってしまいます。

なお、「風邪を引いた」「仕事が終わらない」などと言うことについて、「嘘をつくのは嫌だ。風邪なんて引いていない。自分はただ本当にやりたくないのだ」と思う人もいると思います。

でも、なぜ本当にやりたくないのか、と考えてみれば、おそらくその理由は「自分の時間を大切にしたいから」になるのではないかと思います。

優先度の低い用事で時間を潰すのではなく、自分の時間を大切にしたい、という考え方は、「焦りグセ」対策としてとてもすばらしいことです。

しかし、人間関係という文脈で考えれば、依頼されているのに「自分の時間を大切にしたい」という断り方をすると、なにか拒絶したような感じになってしまいますよね。

まるで相手の期待に沿うことが時間の浪費みたいに聞こえるからです。

ですから、ここは「嘘をつく」のではなく、「相手への思いやり」として、「風邪を引いた」「仕事が終わらない」など言ってみてもいいかもしれません。

誰もが納得するような、無難な理由を言ったほうがはるかに妥当だと考えられます。

「嘘をつきたくない」というのは「自分」の希望なのですが、「相手」を視野に入れてみればあながち悪いことではないはずです。

これは相手のためにそうするのですが、それは、拒絶された人が時として攻撃的になるということを考えれば、結果としては自分を守ることにもつながります。

もちろんそれほど気を遣っても、相手は何かしらの不快は感じるものでしょう。

それは「仕方のないこと」と割り切らないと、いつまでも断れない人になってしまいます。

この程度の「仕方のなさ」は、多くの人が普通に乗り越えていくもの。

人は何であれ変化にストレスを感じますが、依頼を受けてくれると思っていたのに断られた、というのは間違いなく軌道修正を必要とする「変化」です。

もちろん、物事が予定通りにいかなかったときに感じる不快感の強さ、そしてそれを乗り越えるまでに必要とする時間の長さには、かなりの個人差があります。ですから、ただそれを尊重していけばよいでしょう。断ったら嫌な顔をされた、というところにこだわるのは意味がないのです。

「断られたから、変化に適応しようとして頑張っているんだな」と思えば、「自分が嫌な顔をされた」というところで傷つくよりも、相手に対して優しい気持ちになることができるでしょう。

Point

「ノー」ではなく自分の都合を言うのが第一歩

第5章

「焦りグセ」を予防する生活習慣

① 「焦りグセ」を予防するには？

ここまで、「焦りグセ」を直していくための考え方を整理してきました。

本章では、「焦りグセ」を予防するため、あるいはこれ以上悪化させずに少しずつよくしていくための工夫について見ていきます。

その鍵は、日常生活にあります。どういう姿勢で日々暮らしていくか、ということが、焦らないでいるために大きな意味を持つのです。

そういう意味では、「焦りグセ」も一種の「生活習慣病」と言えるでしょう。

もちろん医療現場で診断されるような「生活習慣病」ではありません。

場合によっては、自分の生活習慣が、それほど人生の質を損ねる、という意味です。そして、実際に、うつ病など、医学的な心身の病気を招く場合もあると思います。長い間、「忙しさのメガネ」を通して物事を見ていたら、自分にどんどんストレスを加えていくことになりますから、ストレス下で起こるような病気にもなり得るでしょう。

どのような生活習慣を持てば、「焦りグセ」に陥らずにすむのか、あるいは重症化する前に回復の軌道に乗れるのか、見ていきましょう。

例 残業&休日出勤で、起きたら焦って会社に出かける毎日。服もちょっとヨレヨレだし、美容院もしばらく行っていない。不健康。食事も外食かコンビニでマズイものばっかり。人と会ったり、出かけたりするのがさらに億劫に……。

これはすでに「焦りグセ」になっている例ですが、生活習慣と「焦りグセ」との関係を如実に表しているものだと言えます。実は、脱・「焦りグセ」のポイントの一つが、「余裕のない外見にしない」ということなのです。

脱「焦りグセ」習慣① 外見を変える

これは身なりから、態度、食事や運動の習慣まで、すべてに及びます。
この例の方も、すべてが「余裕のない外見」ですね。
もちろん「焦りグセ」は心的な問題です。

しかし、内面は外見に表れると同時に、外見が内面に影響を与えるということもあります。

まずは外見から「余裕を見せる」というのも、一つの有効な方法なのです。

Point
外見に余裕があると、内面の焦りが消えていく

②まずは「余裕のなさそうな外見」をやめる

外見を重視する、と言うと、「見栄っ張り」のように思われるかもしれませんが、そうでもありません。焦っているときに、「ああ大変！」と髪を振り乱すタイプの人と、本当は焦っているはずなのだけれども余裕がありそうな雰囲気を醸《かも》し出している人がいますね。後者は、周りに与える印象が「余裕がありそう」というふうになるだけでなく、実際に本人が余裕を感じていることも多いものです。

なぜかと言うと、人は、周りに振りまいている雰囲気そのものを、自分も受け取るようになっているからです。

ボサボサの髪を振り乱して「ああ大変！」と焦っている人は、自分自身もその雰囲気を受け取り、ますます「忙しい感」が増して、「忙しさのメガネ」の色を濃くしてしまいます。

一方、焦っているはずなのに焦って見えない人は、自分でもそのゆとりのある雰囲気を受け取ります。ですから少しリラックスして「忙しさのメガネ」の色を薄くすることができるのです。

実は、「どんなに焦っているときも、焦って見えないようにする」ということを決めると、ただただ「あれもやらなければ、これもやらなければ」「あれも終わっていない、これも終わっていない」に埋没していくのを食い止めることができます。

脱「焦りグセ」習慣②　周りに「焦りムード」を出さない

そして、とりあえず余裕のある態度をとることによって一息つくと、それがメリハリになります。

メリハリをつけることで自分を取り戻した気持ちになれれば、リフレッシュして、次の「今」に集中できるのです。

そもそも、自分がどれほど焦っていても、人と接するときにまでその雰囲気を持ち込む必要はありませんね。

それに、いつも焦っていると、対人関係の質すら損ねかねません。

なぜかと言うと、「焦りグセ」のエネルギーである不安を、相手にも押しつけることになってしまうからです。

「いつも焦っている人と会うとなんだか疲れる」という感覚は、そこからくるのだと思います。あるいは、「焦りグセ」のある人は、「この大事なときに……」とか、「こんなに忙しいのに……」などと相手に苛立ちをぶつけることもあります。そんなことを繰り返していたら、本当に相手から疎《うと》まれてしまいますね。

「いつも追い立てられていないと間に合わない」という思い込みそのものに

立ち向かうのは難しくても、少なくとも人目があるときには余裕のある姿を見せよう、と決めると、「焦りグセ」から脱出するきっかけを作ることができます。そしてだんだんと、人目がないときにも、余裕を大切にできるようになってくるでしょう。

また、忙しいときの美容院などは、物理的に考えれば「時間の無駄」なのですが、そんなこともありません。

美容院に行った結果として、自分がある程度満足できるような「きちんと感」のある外見になれれば、それは態度全般に及ぶでしょう。もちろん、これは、「そうするべき」という話ではありません。

例えば、同じく「外見をきちんとする」ということでも、「流行に乗っているべき」「人から見られたときに常にこぎれいにしておくべき」という「べき」ではなく、「外見はきちんとしておきたい」という美意識による「したい」で行えば、鏡に映った自分の満足度も上がるでしょうし、「焦りグセ」のリセット効果があります。

もちろん、周りに与える雰囲気も、「きちんとしている」「余裕がある」ということになるでしょう。

「あれもやらなければ、これもやらなければ」「あれも終わっていない、これも終わっていない」という思考に追い回されるのではなく、ちょっと落ち着いて自分の手入れをするだけでも、価値があるのです。

Point
外見を整える

③ 自分の心身に手をかけよう

その他、身体によいものを食べるとか、身体を動かすなど、どれほど忙しくても、自分に与えられた心身を丁寧に扱う時間だけは確保する、という考え方は、脱「焦りグセ」効果があります。

脱「焦りグセ」習慣③ 健康に気を遣う

食事も、作るだけの時間的余裕がなくて、外食やテイクアウト食になってしまうのであっても、意識して「ワンランク上のもの」を食べる日を設けてみるのもよいでしょう。

自分はこのくらいの扱いに値する、と感じることも大切です。

実はこれらのことも、メリハリをつけるということ。

「焦りグセ」がひどくなると仕事をしながらコンビニ食を食べるだけ、というふうにもなってしまいますが、「食事の時間」を「区切って」豊かに楽しむだけでも、「あれもやらなければ、これもやらなければ」「あれも終わっていない、これも終わっていない」が止まります。

その時間だけは「おいしい」という感覚に集中するのです。

もちろん、食べながら仕事をしなければならないほど、本当に忙しいときもあるでしょう。

それはそれで仕方がないのですが、それを日常化させないことがとても重要なポイントです。

ここでも大切なのはメリハリ。

仕事をしながら食べることが日常化してしまうと、「焦りグセ」を悪化させるリスクが高いのです。ですから、よほど忙しいときの例外と位置づけておいたほうが安全です。

食事の価値を考える際に役立つのは、自分はあと何年生きられるだろうかと考えてみること。そのおおよその年数がわかれば、一生のうちにあと何食食べられるだろうかということも自ずと決まってくるもの。そのうちの貴重な一食を「マズイもの」で適当にすませるのはもったいないことです。

こんなふうに、自分の人生を「限りあるもの」と考えれば、「焦りグセ」に振り回されて終わることの虚しさを実感できると思います。

「焦りグセ」は、「食べ物なんかに手をかけている場合ではない」と言ってきますが、おいしいものを食べるのは、楽しみであると同時に、自分に対する重要な投資です。「焦りグセ」にそこまで人生を乗っ取られる必要はないのです。

例　仕事が忙しくて、歯医者や医者に行けない。そういえば最近、胸が痛い。もしも手遅れになったら会社のせいかもなどとイラついてしまう。

「焦りグセ」は自分を粗末にする姿勢、ということはこんなところにも表れます。もちろん、誰のせいであろうと命は大切です。ですから、本当に健康に懸念があるのであれば、それは優先順位としては最高レベルになるはずです。

例では「イラついてしまう」とありますが、実はイライラは、被害者意識を表す感情です。

「焦りグセ」のために自分を粗末にするということは、自分が被害者になるということ。ですから、「会社のせい」という被害者意識も育っていくのです。

だから、イライラを感じたときこそ、主体性を取り戻すべきとき。

「最近、胸が痛い」ということを話して病院を受診する時間を確保するのは、当然必要なことです。

本当にそれが許可されない職場なのであれば、職場について真剣に考えたほうがよいと思いますが、多くの人が、それほどひどい職場に勤めているわけでなくても、なかなか自分の健康を優先すると言えないのが現状です。

「忙しさのメガネ」で見てしまうと、「こんなに忙しいのに、自分の健康のことなど言っている場合ではない」と考えてしまうからでしょう。

しかし、こんなところでも、人生を大きくとらえてメリハリをつける、と考えれば、「忙しさのメガネ」の影響から逃れることが可能となります。

Point

自分の身体を優先させる

④ 自分の中の「余裕」と「秩序」を大切に

毎日の習慣というのは、案外大切なものです。

その習慣が生活のリズムを作り、心身の健康を支えていきます。

「あれもやらなければ、これもやらなければ」「あれも終わっていない、これも終わっていない」ということだけで頭がいっぱいになってしまうと、「日々の習慣など悠長なことをやっている場合ではない」と、毎日の習慣をすべてなぎ倒してしまう、などということにもなりかねません。

ですから、よい習慣を持って、それを維持する、ということに意識を向けておくことが大切です。

これで、生活全部が無用の不安や焦りに乗っ取られるのを防ぎ、生活を立て直すことができます。

それには、一日のポイントとなるところに、脱「焦りグセ」効果のある習慣をいくつか作っておくととても役立ちます。

脱「焦りグセ」習慣④　朝10分瞑想

とくにお勧めなのは、一日を静かな心で始める習慣です。

できれば朝10分早起きして、瞑想的な時間を持ってみるととても効果があります。

「あれもやらなければ、これもやらなければ」「あれも終わっていない、これも終わっていない」という頭で一日を始めると、起きるやいなや「やるべきこと」に取りかからなければ、という前のめりの姿勢になってしまいます。

しかし、一日の始め方はその日のペースを決めるもの。

10分でよいので、「やるべきこと」とはまったく無関係な静かな時間を持ってみると、その一日が不安や焦りに乗っ取られるのをかなりの程度防止することができます。

脱「焦りグセ」習慣⑤　お茶の時間を作る

また、日中も、

1　食事の時間だけはすべてを忘れて優雅に食べる
2　必ず身体を動かす時間を作る
3　自分の趣味のために使う時間を必ず作る

など、「焦りグセ」をリセットするポイントとなる習慣をいくつか作っておくとよいでしょう。

とてもそんな長い時間はとれない、と思う方は、まずは「午後にお茶を飲む時間を作り、その時間だけは完全にリラックスする」くらいから始めてもよいと思います。

なお、ここで言う「習慣」とは、あくまでも「焦りグセ」をリセットする効果があるもの、つまり、自分の心を穏やかにし、頭を鎮める類の習慣です。

例えば「新聞を読む」という習慣でも、ガツガツと、「世事を知っておかなければ職場の会話についていけない」という気持ちで読むのであれば、それは「べき」に基づく行動となり、「焦りグセ」を悪化させるだけでしょう。

一方、「新聞を読む」という習慣を、他の生活とは「区切られた時間」として、興味に任せてじっくり読む、というふうにすれば、それは「焦りグセ」をリセットする効果がある、ということになります。

なお、一息ついてしまったらモチベーションを維持できなくなってしまうのではないか、と不安に思う方もおられると思います。そういう方は、第2

章をもう一度振り返ってみてください。

実際は、一息つくことによって集中力はかなり回復してくるものですし、それでも回復しないときは、そこに不安か疲れがある、と言ってよいでしょう。

Point

リセット時間を作る

⑤ 「雑」にしない

忙しいと、どうしてもやることが雑になります。デスクは雑然、仕事も人づき合いも雑、身なりも雑、という具合になるでしょう。すると、この「雑」さが、「焦りグセ」を悪化させるのです。

なぜかと言うと、「雑」から達成感を得ることは難しいからです。

何をやっても中途半端な感じで、ますます「あれもやらなければ、これもやらなければ」「あれも終わっていない、これも終わっていない」という感覚を刺激してしまいかねないのです。

反対に、丁寧に何かに取り組むと、達成感も得られますし、きちんとできる自分についてよい感じを持つことができ、余裕につながります。
比較的わかりやすい例が、「使ったものを元に戻す」ということでしょう。

脱「焦りグセ」習慣⑥　使ったらちゃんと元に戻す

これはよく時間管理術などで言われることですが、「雑」にしない、という観点からも見ることができます。
使ったものを出しっ放しにすると次に使うとき探すのに時間がかかるというのも事実ですが、同時に、出しっ放し、散らかしっ放しの状況を見ると、その「雑」さから、「あれもやらなければ、これもやらなければ」「あれも終わっていない、これも終わっていない」という感覚が強まるのです。

そして、次に使おうとしたときに見つからない、となると、ますます「焦りグセ」は悪化します。

もちろん、丁寧に取り組んだほうがいいからといって、「すべて丁寧にすべき」と完璧主義的に見る必要はありません。メリハリをつけることが重要です。

というのも、生活全部が「雑」になることは「焦りグセ」を悪化させますが、メリハリをつけること（つまり一部はあえて「雑」にすること）は「焦りグセ」改善の効果があるからです。

脱「焦りグセ」の重要なキーワードの一つが、主体性。主体性を持って、つまり自分の判断で、「これは雑でいいや」と決めることは、結果として脱「焦りグセ」につながるのです。

ですから、ポイントを押さえてきちんとすることが、「焦りグセ」をリセットするよい習慣になると言えるでしょう。

Point
使いっ放しにしない

⑥ やると決めたのに挫折しそうなとき

よい習慣を作っておくと、自分がどの程度「焦りグセ」悪化のリスクにさらされているかの指標にもなります。

例 水やりしている暇がない。
また観葉植物を枯らしてしまって焦る。

「水やり」は、その気になれば数分で終わること。数分すら確保できない生活は、よほどの緊急事態以外、滅多に存在しないでしょう。

なぜ観葉植物を育てているのか、と考えれば、それはやはり生活環境に緑がほしい、ゆとりがほしい、という気持ちからでしょう。

植物に水やりをする、というのは、「よい習慣」にすることができます。水やりの時間だけは、忙しさではなく植物に意識を向けることができるからです。

そして、このような数分で終わる習慣が抜けてしまうときは、自分がかなり「あれもやらなければ、これもやらなければ」「あれも終わっていない、これも終わっていない」に取り込まれているとき、と考えることができます。

ですから、ここできちんとリセットしておかないと、ますます「焦りグセ」が悪化する、ということになるのです。

自分が水やりできていない、ということに気づいたら、まずは深呼吸をして、あえて水やりの時間をとり、その時間だけは観葉植物に集中するようにしましょう。

それだけでも、「あれもやらなければ、これもやらなければ」「あれも終わっていない、これも終わっていない」にある程度ブレーキがかかるはずです。そもそも、たかだか数分しか要さない水やりなのになぜ「水やりしている暇がない」と感じるのでしょうか。

やはりこれも、「忙しさのメガネ」を通して水やりを見ているから、と言えます。

ほんのちょっとの水やりだけでなく、他のやり終えていないことまで同時に見ているので、「とてもそんな暇はない！」と感じてしまうのです。

ですから、「水やりしている暇がない」という感じ方は、やはり「焦りグセ」を表すもの、と言ってよいと思います。

Point
よい習慣は「焦りグセ」のバロメーター

⑦ 高い目標を設定したほうがいいはウソ

ここまでに、人間は限界のある生物だということをお話ししてきました。

「自分には限界がある」という現実を受け入れないと「焦りグセ」が強まる、ということも見てきました。これを応用すれば、「自分の限界を低めに設定しておく」というやり方によって、「焦りグセ」を予防することができます。

脱「焦りグセ」習慣⑦ ギリギリの目標設定をしない

自分の限界を認めないと、常に「自分はもっとできるはずなのに」という間違った思い込みを前提に考えますから、「あれもやらなければ、これもやらなければ」「あれも終わっていない、これも終わっていない」に陥ってしまいます。逆に、自分の限界を低めに設定しておくと、多くの目標を達成できますので、達成感を持つことができます。そして、生活の中に余裕すら感じることができるはずです。

また、その余裕の中でプラスアルファの仕事をすることもできるでしょう。

限界を高めに設定して「あれもやらなければ、これもやらなければ」「あれも終わっていない、これも終わっていない」という不毛な思考に陥ってしまっているときよりも、結果としては、より多くの成果を上げられる可能性もあります。これは当然のことで、不毛な思考にエネルギーをとられ、集中を妨げられているときよりも、余裕を感じながら、達成感の中、何かに取り組むときのほうが、「今」に集中しやすいからです。

ですから、「ギリギリ頑張ればこのくらいできそう」と思うレベルよりも、少し低めくらいに限界を設定する、というのはとてもよいやり方です。

結果として「ギリギリ頑張れば」と思ったレベルよりも高い成果が得られるかもしれません。

なお、人生のステージによっては、普段よりもさらに限界を低く設定したほうがよい場合があります。例えば、小さな子どもの育児と仕事との両立、介護と仕事の両立、などというとき。こんなときには、「とにかく毎日生き延びる」というところに限界を設定したほうがよいでしょう。それ以外の課題は一切自分に求めないのです。

スキルアップなどは考えず、ただ生き延びているだけで「自分は今すべきことを全部やっている」と自分を満足させることが必要な時期です。

そして、もしも空き時間を持つことができたら、それは必ず「焦りグセ」をリセットすることに使うようにする、と決めておくとよいと思います。

空き時間を「忙しさのメガネ」で見てしまうと、「焦りグセ」が出てしまいます。とくに、育児や介護と仕事の両立をしているときには、仕事について常に「十分にできていない感」を持っているので、どうしても、そういう感じ方になりがちですから注意が必要です。

もちろん、空き時間に仕事関連のことをやってはいけないということではありません。

でもそれは、育児や介護で疲弊した頭のバランスをとるため、など、何であれリフレッシュ効果を期待して行うこと。

そうすれば、思ったように進まなくても、「育児や介護以外の、自分の時間を持つことができた」という満足を感じられると思います。

Point

自分に求める量を減らす

⑧ モヤモヤして何も手につかないとき

例 悩んでいる時間やうちひしがれている時間、迷っている時間が多い。そのせいか、何もしていないのに、いつも時間に余裕がなくて焦る。

例 仕事の失敗を、「私のせい？　いや、上司の指示が悪い」とか、いじましく考えているうちに時間が経つ。今日も「先輩の○○さんのあの態度は許せない」などと蒸し返して考えたりしているうちに、何もせずに退社時間になってしまった。

こんなふうに、ネガティブな感情に振り回されたり時間をとられたりして、「自分は何もしていない」と焦ってしまうことはあるでしょう。

確かに、そのような時間はもっと短縮できたらいいですよね。

ちなみに、後の例では、先輩○○さんの態度に嫌な思いをしたのなら、「被害」はそれだけで十分でしょう。

その後の時間もずっとそのことを考え続けると、被害がどんどん拡大してしまいます。好きでもない○○さんのために自分の人生がそこまで損なわれるのはもったいないことですね。


一般に、「蒸し返して考えてしまう」というとき、頭の中はどうなっているのでしょうか。


「自分が悪い」のか「相手が悪いのか」とぐるぐる考えてしまうことが多いと思います。つまり、「自分が悪いのかもしれない」という可能性を打ち消そうと必死になっているときなのです。

しかし、一つ言えることは、仕事が失敗したり、先輩に嫌な態度をとられたりした、ということは、何であれ、自分が「ひどい目に遭った」ということ。それが誰のせいであろうと、自分がひどい目に遭ったことは事実なのですから、「自分をいたわる姿勢」が必要です。

脱「焦りグセ」習慣⑦

ムカついたら傷ついた自分にフォーカスする

そう開き直ると、実は立ち直りが早くなります。なかなか立ち直れずにいつまでもグズグズ考えているようなときには、実は「誰のせいか」ということにはまり込んでしまっていて、自分がひどい目に遭ったということを認めていたわっていないときなのです。

Point
ネガティブな感情にとらわれたら、まず自分をいたわる

⑨ それは「焦りグセ」対策として、本当に有効？

例

時間の使い方が下手でいつも焦っているので、手帳術に挑戦。しかし、手帳をいくら活用しても、毎日忙しいいし、手帳で整理したからといってやれないこともいっぱい。手帳に書くまでもないこと（クリーニングの受け取り、切れていたシャンプーを買うなど）に手間取って余計イライラする。

昨今は「手帳術」がはやっているため、手帳術が上達すると効率的に動けるようになり忙しさが減る、と思っている人も多いかもしれませんが、そうとも限りません。

特にこの例を見ると、手帳はうまく活用されていないどころか、手帳を書いただけで満足してしまい、実行を伴っていないようです。

まるで手帳の中で生きているかのようですね。

もちろん、手帳も「焦りグセ」対策として活用することができます。


何と言っても、一番の価値は備忘録です。

実は、案外「忙しい感」を作り出すのが、「何かをし忘れているのではないか」という感覚です。


普段から気にしている人もいますし、何かを実際に忘れたときに衝撃を受けてしまって、それからずっと「何かを忘れているのではないか」ということが気になっている、という人もいると思います。

その「し忘れ」を防ぐ力を発揮するのが手帳です。

何でもかんでも自分で覚えておこうとすると、完璧でない頭は、必ず何らかの「漏れ」を出しますし、一度でも重大な「漏れ」があると、衝撃を受けてしまって、それからずっと「何かを忘れているのではないか」と思うようになり、結局は「あれもやらなければ、これもやらなければ」「あれも終わっていない、これも終わっていない」という頭になってしまうのです。

ですから、ここで「手帳に書くまでもないこと」と言っていることこそ、本来は手帳に書くべきことなのです。

また、脱「焦りグセ」のための手帳の活用法は、「自分をいたわる時間」をきちんとスケジュールに入れることです。

というのも、「仕事をして、時間が余ったら自分のための時間にしよう」という考え方は往々にしてうまくいかないものだからです。「忙しさのメガネ」で生活を見ている限り、「時間が余ったら」などという日は来ないのです。

ですから、「自分をいたわる時間」は率先してスケジュールに組み込んだほうがよいでしょう。そして、他のアポイントメントと同様に、大切に扱ってください。

多くの人が、「忙しい感」に追われると、まず「自分をいたわる時間」から犠牲にしていくと思います。

しかし、それこそは、誰よりも自分を粗末にするということであり、自分の限界を無視した姿勢です。

他の人が関わっている話であれば、相手の存在によってスケジュールが確保されますが、「自分をいたわる時間」だけは、自分がしっかりと意識しない限り確保することができないのです。

脱「焦りグセ」習慣⑩

スケジュールには「自分をいたわる時間」も記入

Point

「忘れていないか」にとらわれないために手帳を使う

⑩ 現実に合った「形」を実行しよう

例

忙しいので、実家にしばらく帰っていない。父が亡くなり母が田舎《いなか》で一人で暮らしている。ほったらかしで、何となく申し訳ないし、そんな現状に焦りを感じる。でも、仕事のことや自分の生活のことなど考えると、母のことはいつも後回しになってしまう。ときどき思い出して、何もできない自分にイライラする。

このように、本当はやりたいのにできていない、ということがあると、それが頭によみがえるたび焦りを感じることはあるでしょう。もちろん少々の無理をすれば帰れる、というのであれば、帰るのが一番です。

しかし、現実的にそれができないほど忙しいのであれば、ここでも必要なのは、「現実の受け入れ」ということになります。
まず、「今の自分の生活では、頻繁に実家に帰ることはできない」という現実を受け入れたら、その上で、どうすればお母さんに最も「気にかけている」ということが伝わるかを考えてみましょう。例えば、頻繁に電話する、贈り物をするなどいろいろな方法があります。

「帰省する」という「形」は断念しても、他の形で考えてみる。

完璧主義的にならずに、「できるだけ」という発想をし、そして、「相手に何が伝わっているか」という視点を持てば、さらにいろいろな方法を考えることができるでしょう。

Point
理想の「形」以外を考えてみる

第6章

焦らない人の「時間術」

①「この仕事さえ終われば」からの脱出

やりたいことがなかなかできなくて焦ってしまう……という人もたくさんいると思います。本書の最後に、どうすれば、焦らず自分のペースでやりたいことを実現していけるかを考えてみましょう。

これは、実は、本書でお話ししてきたことを応用すれば可能なことです。

ですから、この章ではおさらいの意味も含めて、まとめていきます。

やらなければならないことに追われていると、

「この仕事さえ終われば時間に余裕ができるから、やりたいことができる」

「この仕事さえ終われば精神的に楽になるはず」

と思うことが多いものです。

しかし、実際に「その仕事」が終わって、本当にやりたいことができるようになったり、精神的に楽になったりする人は、ほとんど見かけません。

私が今まで出会ってきた多くの人も、「この仕事さえ終われば、今度こそ自分の時間ができるはず」と思いながら人生の大半を生きています。

しかし、実際に起こっていることは、一つのことを終えると、すぐに次のことに取りかかり、また次の「この仕事さえ終われば」にとりつかれるという繰り返し。これは「やるべきことが多すぎる」というよりも、常に「やるべきこと」を「忙しさのメガネ」で見ている、と言ったほうが本質的です。

実は、「この仕事さえ終われば」という感覚の正体は、「忙しさのメガネさえはずせれば」なのです。

そこで自分を圧迫しているのは、仕事そのものではなく、「あれもやらなければ、これもやらなければ」「あれも終わっていない、これも終わっていない」という感覚です。では、本当に「この仕事が終わら」なければ、やりたいことはできないのでしょうか?

本書のあちこちで見てきましたが、ちょっとしたことであれば、物理的な時間を作り出すのはほとんどいつでも可能です（誰だってトイレに行ったりする時間は作りますね）。

しかし、「忙しさのメガネ」を通して見てしまうと、それが絶望的に不可能であるように思われてしまうのです。

その感覚を引きずったまま一つの仕事を終えても、結局はまた次の仕事に向かって「あれもやらなければ、これもやらなければ」「あれも終わっていない、これも終わっていない」と思い続ける、ということになります。それはエンドレスに続くものですから、「この仕事さえ終われば、今度こそ自分の時間ができるはず」と考えている限り、逆に自分の時間はできないのです。

Point

「この仕事さえ終われば」は錯覚

② 今日から「自分のための時間」を区切ろう

「この仕事さえ終われば」と思っても、結局、やりたいことは何もできず、焦り続ける毎日……。

だとすると、私たちができることはなんでしょうか。

それは、「今日、自分の時間を作る」ことです。

脱「焦りグセ」習慣⑪ 今日、自分の時間を作る

最初は5分からでもかまいません。「あれもやらなければ、これもやらなければ」から完全に解放された「自分のための時間」を持つのです。

重要なのはその長さではありません。「完全に」解放されていることが重

要なのです。つまり、量より質です。

本書では、メリハリをつけるために、時間を「区切る」ことの重要性をお話ししてきました。

自分の時間を作る上でもそれはまったく同じです。

「焦りグセ」に支配された他の時間から「区切られた」、自分の時間を作るのです。それは今の仕事が終わったら、ではなく、あくまでも、「今日」からです。

「区切られた」時間は神聖なもの。

決して「あれもやらなければ、これもやらなければ」「あれも終わっていない、これも終わっていない」に汚染されないように、確固たる意志を持ちましょう。

できれば、その時間を、起床後と就寝前に持つと、一日の質がよくなるでしょう。

一日を、自分のやりたいことで始め、自分のやりたいことで終えることができるからです。睡眠の質も良くなります。

5分からでもそんな時間を持つ習慣を始めると、その時間をどの程度までのばせるかが見えてきます。

あるいは、ちょっとした隙間時間を「自分のための時間」として「区切る」こともできるようになってくるでしょう。

過ごし方は何でもよいのです。

例えば、ただボーッとする、というのも、瞑想的な効果があるでしょう。

頭の中を一度鎮めてみます。

もちろんこれは、「あれもやらなければ、これもやらなければ」「あれも終わっていない、これも終わっていない」に圧倒されて思考停止になる、という意味ではありません。例えば、自分の呼吸に意識を向けて、長く細くしてみる、などというのも頭を鎮めるよいやり方でしょう。もちろん何かやりたいことがある人は、その時間をあててもいいですね。

「5分だけでは、とてもやりたいことなどできない！」と思う人も多いでしょう。確かにそれはその通りだと思います。しかし、「焦りグセ」は、多くの人にとって、ただちに直すのが難しいので、「長期的」に見ていく必要があります。

そのために必要なのは、少しずつの変化。

いきなり大きな変化を起こそうとしても「できるわけがない！」と反発すら感じるものですが、少しずつの変化なら「できるかもしれない」という気持ちになることができます。

「やりたいこと」についても、同じ考えを応用することができます。

まとまった時間がとれるのを待っていたら、それこそ人生が終わってしまうかもしれません。「エベレストに登頂する」などという夢であれば、確かにまとまった時間が必要になると思いますが、そうでない夢を持っている人も多いはず（そしてエベレストの場合であっても、それについて考えたり調べたりするのは5分からでもスタートできます）。

そんな夢は「今日から叶《かな》え始める」と言うことができます。

その際のキーワードは、「少しずつ」です。

少しずつ、まずは自分の時間を「区切る」ところからなのです。

自分のために時間を「区切る」というのは、誰でも考えつきそうなものですが、実際にはうまくいかないことが多いものです。

例 いつか小説を書いてみたいと思いつつ、なかなか実現しなくて焦ってしまう。文章を書くのは好き。でも、仕事が忙しくて、それどころではないと感じる。何度か書き出したけれど、半分くらい書いたところで、仕事が繁忙期に……。放り出してそのうち気持ちが冷めてしまって、書き上げたためしもなければ、どこかの賞に応募したこともない。

この例のように、仕事が繁忙期になるなどの理由によって、せっかく始めたことが頓挫《とんざ》する、ということは多いと思います。

少し余裕があるときには、「やってみようか」という気持ちになっても、忙しくなると放り出してしまうのです。

175ページでお話ししましたが、「焦りグセ」にとりつかれると、よい習慣をすべてなぎ倒してしまう、という現象はこんな形でも起こってくるのです。

そして、習慣が守られなくなったときは要注意、ということもお話ししてきました。

もちろん、忙しいときに長い時間を確保するのは現実的に不可能です。しかし、習慣をゼロにするのではなく、たとえ5分間に簡略化してもよいので、ゼロにはしない、という心持ちでいるのはよい方法です。
ゼロにしてしまうと、「自分はまた挫折した」「どうせできない」という気持ちばかりが強まりますが、5分間だけでも自分の時間が持てれば、「今は忙しいから時間を短縮しているけれども、継続できている」ということが達成感につながっていきます。

やりたいことに費やす時間は、ゴムのように伸縮させる柔軟性が必要なのです。

重要なのは、継続です。そして、どんなときにも「区切る」という心構えは必要です。「区切る」ことさえできていれば、それがどれほど短い時間でも、将来の希望へとつながるのです。
よく、「時間がないというのは言い訳。時間は自分で作るもの」という考え方を述べる人がいますが、物理的に忙しい時期に多くの時間をとることは、限界のある生物としての人間には不可能です。

また、101ページでお話ししたように、人生には、「それだけ」に集中したほうがよい時期があります。どんなときでも「時間は自分で作れる」と頑《かたく》なに思い込んでいると、自虐的になってしまい、「作れない自分はダメだ」と思うことにもなってしまいます。

それよりも、必要なのは柔軟性です。

どんな状況にも柔軟に対応できること、そして「区切る」のを忘れないこと、です。

Point

無理のないように短く区切って、続けること

③「区切った」時間で完結させる

例

好きなことをしたいけど、なかなか始められなくて焦ってしまう。夢はジャズピアノを習うこと。でも、毎週、課題曲をマスターしたり、コードを覚えたり、けっこう面倒くさそう。

先ほどもお話ししましたが、新しいことを始めるときのポイントは、そのための時間を「区切る」ことです。

例えば、ジャズピアノのレッスンを予約する、というのは、立派な「区切り方」でしょう。しかし、レッスンの時間を確保するだけでも、忙しいときには限界に近いと感じてしまいます。

そんなときに役立つのが、「区切った時間内で完結させる」という考え方。

ジャズピアノを中心に生きている人（この場合では先生ということになるでしょう）は、「レッスンのないときも日常的に練習時間を確保することが大切」などと要求してくると思いますが、そんな高いハードルがあっては、いつまでも始めることができません。

自分の忙しさを説明し、「理想的な形でないのはわかっている。でもとにかく、ジャズピアノを始めたいし、触れている時間を持ちたい」という熱意を伝え、そして、コードを覚えたりするのもレッスンの時間内だけにさせてほしい、という姿勢で始めてみましょう。

進歩は遅いかもしれませんが、何もしないよりもはるかにましなはずです。

実は、このように「最低限」のところから始めてみると、「できない」と焦っているよりも、はるかにできることが増えると思います。

精神的な負担が減りますから、ちょっと時間ができたようなときに、プラスアルファの努力ができるのです。

「今日はちょっと早く帰れたから、コードを復習してみよう」

「明日の朝、家を出る前に3回だけ弾いてみよう」

という具合に、です。

それは、「最低限」が軌道に乗っているからこそできることで、「最低限」すら始めていなければ不可能なことなのです。

Point

「最低限」を軌道に乗せる

④ 隙間時間に詰め込まない

この頃、スキルアップのために、などという理由で、「時間活用法」がいろいろな形で語られています。

隙間時間にボーッとしていると「負け組」になってしまう。ふと空いた時間や、移動中の時間もしっかり活用することで「勝ち組」になる……という考え方も広まっています。

「焦りグセ」の人が増えているのは、この考え方の影響もあるでしょう。

48ページで、「持続可能性」と「効率性」を考えることが重要、ということをお話ししました。

人間は生き物ですから、休息を必要とします。

きちんとメリハリをつけて、力を出すべきときは出し、休むべきときは休む、という生き方をしていかないと、持続可能性という点からも、効率性という点からも、問題が起こってきます。

「隙間時間」というのは、ある意味、メリハリをつけるのに貢献しているところがあります。

例えば、移動時間中は無駄に見えるようでいて、実は頭脳を休めて次の予定に備えている時間、という見方をすることもできるからです。

そこにまでギュウギュウ仕事を詰め込んでしまうことで、メリハリをつけられなくなり、「焦りグセ」が悪化してしまうことがあるのです。

もちろん、隙間時間に仕事をしてはいけないということはありません。

もっと大きな目で見たときに、隙間時間に仕事をしておけば、より大きなメリハリをつけられる、ということもあるからです。

移動中に仕事を片付けておけば残業をしないですみ、自分の時間をしっかり確保できる、というような場合です。

隙間時間に仕事をするか、それともあえて仕事をしないか。

どちらがよいのでしょうか。

それは、隙間時間を「忙しさのメガネ」で見ているかどうかで決まります。

常に「あれもやらなければ、これもやらなければ」「あれも終わっていない、これも終わっていない」というメガネで物事を見ている人は、隙間時間をどう使うか、というところに主体性を発揮することができません。

「忙しさのメガネ」で見ている場合、

「あと5分でこれを読まなきゃ」

「電車に乗っている間にメールの返事をしなきゃ」

と「やらされている感」がありますが、「忙しさのメガネ」で見なければ、

「ここで仕事をしておけば、今日は早く帰って見たかったＤＶＤを見られる」

「この時間を上手に使って資格を取ってみようか。そのためには、必ず電車で座れる時間に出勤できるよう、早起きしてみよう。ということは、夜のつき合いはほどほどに切り上げないと」

「この時間は貴重な休息時間だ。ボーッとして過ごして英気を養おう」

などと自分の頭で主体的に考えることができるでしょう。

例 ボーッとしているのが好き。だけど世間の人は、流行の店に行って、飲んだり、食べたり、買ったりしていて、ちょっと焦る……。

こんな疑問が出てくるのも、「忙しさのメガネ」の影響でしょう。

ボーッとするのが好きな人は、それでよいはずなのに、焦りが湧いてしまうのは残念なことです。

空いた時間をどう過ごすかは、それぞれの自由であるはず。流行の店に行くのが好きな人もいれば、ボーッと過ごすのが好きな人もいるのです。

しかし、「忙しさのメガネ」で見てしまうと、常に前のめりに、

「ボーッとしていてはいけない」

「こういう時間の生産性を上げなければ」

という強迫観念に駆られてしまいます。


そして、強迫観念が命じてくる通りにできない自分を責める、という現象が起こってきます。

本来はリラックスできる隙間時間のはずなのに、自分を追い詰めたり責めたりしてしまったら、リラックスどころではなくなってしまいます。それなら「隙間時間の活用」などそもそも考えないほうがよかった、ということになりますね。

例

仕事もプライベートも忙しい。何とかこなしているけれど朝から疲れている。電車の中で読書などは無理。いつも寝ている。時間を有効活用なんて無理。体力や根性がなさすぎるのだろうか。

例

通勤電車で読書や勉強、メールをする人もいるが、疲れてできない。朝は音楽を聴いているし、帰りは寝ている。生産的に過ごせていない自分はダメ人間。

これは、体力や根性の不足として、あるいは「ダメ人間」としてネガティブに見るのではなく、電車の中の時間を休息時間として「有効活用している」と見ることができます。

実は、忙しいときほど「メリハリをつける」ということを意識したほうがよいのです。何をすると自分が一番リフレッシュできるか、よく考えて見つけてみましょう。それはただボーッと過ごすことかもしれません。

何をするとリフレッシュできるかがわかったら、そのための時間をきちんと「区切って」とりましょう。

時間を区切ったら、その時間だけは、絶対に、「あれもやらなければ、これもやらなければ」「あれも終わっていない、これも終わっていない」に侵されない時間、という意識を持って大切にするのです。

電車の中で眠るというのは、よい手段です。「こんなに忙しいのだから、ここで眠ってリフレッシュするぞ」と思えれば上々でしょう。もちろん、読書が趣味で、電車の中で読書するとリフレッシュする、という人であれば、時間を「区切って」読書をすればよいのです。

Point
リフレッシュ時間も「区切って」「主体的に」とる

5 あえて「段取り」を休んでメリハリをつける

例

時間がないわけではないのに、なぜか用事を足せなくて、毎日焦ってしまう。床屋に行ったついでにクリーニングを取りに行くとか、ランチのついでに銀行に寄るとか、そういう「ついで」ができずに些細《ささい》な用事が溜まる。会社では、そんなことはないのに。段取りをすることが疲れる。

仕事ではできていること（きちんとゴミを捨てる、整理整頓するなど）が、私生活ではできない、という人は案外少なくありません。

これは、「段取り」も一つの仕事だと思えば、当然のことです。

「段取り」をするには、それなりの思考とエネルギーを使う必要があります。

ですから、常に気が張っている仕事の場ではできても私生活では抜けてしまう、というのも当然と言えば当然です。本人にとって仕事の緊張度が高いほど、私生活は「休み時間」になるからです。

これは、先ほど、隙間時間もメリハリのために必要、ということをお話ししたのと同じで、疲れているときには「段取り」を休むことでメリハリをつける、というふうに考えることもできます。

それは、人生全体の「持続可能性」「効率性」という観点から必要なこととも言えるでしょう。

もちろん、「段取り」をうまくして無駄を省けば、自由時間が増えるし、用事も溜まらない、ということは事実でしょう。

しかし、私生活においては、必ずしも「効率」が最優先になるわけでもな

いのです。私生活というのは、「私用」の積み重ね。用事こそ生活、というふうに見ることもできます。

そして、その用事とどうつき合うか、ということも私生活の個性的な彩り《いろど》の一つなのです。

床屋に行ったついでにクリーニングを取りに行き忘れた自分に笑ってしまうのも私生活の彩り。あるいは、クリーニング屋に出直して、「さっきそこの床屋まで来たのに、寄り忘れてしまって」などと笑いながら店の人と会話することも、貴重な日常生活の彩りにできるでしょう。

考えてみれば、誰もがてきぱきと効率よく私生活をこなしている社会は、ちょっと気持ちが悪いですね。

Point

効率と段取りをお休みする

⑥「無駄な時間」で幸せになろう

前項では、「段取り」をし損ねることも私生活を彩る、ということをお話ししましたが、ここではさらに踏み込んで、「人生を豊かにするにはどうしたらよいか」という視点からも見てみましょう。

そもそも私たちは、人生を、単に効率的に生きていきたいのでしょうか。

もちろん、仕事を効率的に仕上げれば、その分、自由時間も増えるでしょう(仕事そのものが趣味、という人は、その「自由時間」でさらに仕事をすることができます)。

しかし、人生全体を見たときに、一番大切なのは、効率なのでしょうか。

多くの人にとって、その答えは「ノー」だと思います。

むしろ、「豊かさ」「幸せ」と答える人が多いのではないでしょうか。

効率的に生きたけれども、ちっとも幸せではなかった、ちっとも豊かさを感じられなかった、というような人生に価値を見い出すことは難しいと思います。


実は、私生活における「無駄」には、豊かさを作る側面もあります。


考えてみれば、ただ家族とまったり過ごす、などという時間は、生産性だけを見れば「無駄」以外の何物でもありませんが、それが豊かさを感じさせたりするものですね。

そもそも、私生活における用事を効率重視でテキパキと片付けていく自分を考えてみてください。その間、心身の状態は、仕事中の状態とほとんど同じで、何らリラックス効果はありません。

しかし、「ああ、床屋に行ったときにクリーニング屋に行くのを忘れたなあ」などとぼんやり振り返っているときには、心身はリラックスモード。

急ぎのクリーニングなら、「まあ、しょうがないや」と思ってもう一度出かけてもよいでしょうし、急がなければ次回に回してもよいでしょう。

また、「ああ、また抜けてしまった」などというちょっとした「がっかり」は、人生を彩る喜怒哀楽ですらあります。

どんな人にも、私生活があります。

そして、一般に、バランスのよい人生とは、私生活と社会的生活がきちんと両立しているようなものであると考えられています。

社会的生活にはそれぞれの「立場」がありますので、どうしても偏りがちになってしまいます。しかし、私生活では、誰もが一人の人間に戻ります。外でどれほど立派な業績を上げていても、家に帰ればただの「お父さん」になったりするのです。

そして、私がいろいろな人を見てきて思うのは、平凡で無駄にすら見えるような私生活の中にこそ、人間のバランスを保つ要素がある、ということです。

全般に、仕事が社会中心に回っているのと比べて、私生活は自分中心に回っているもの。

「どれだけ用事をテキパキこなすか」というよりも、「どれだけ自分らしく過ごせるか」「どれだけ自分の滋養になるか」を中心に考えてみるとわかりやすいと思います。

疲れているときに、ボーッとして、ついでのところに寄り忘れる、などというのはよくあること。それを、「できなかった」と責めてしまうのは、「忙しさのメガネ」で見ている証拠です。

「あれもやらなければ、これもやらなければ」「あれも終わっていない、これも終わっていない」という思いで頭がいっぱいであれば、ついでのところに寄り忘れる効率の悪さは、とても許されないものでしょう。しかし、「まあ、これも人生だ」と笑ってすませる余裕こそ、私生活にはほしいものです。

余談ですが、子どもがよく育つ社会には「無駄」が多いと言われています。様々な「無駄」の中に、人が健康に育つ要素があるというわけです。単に効率だけを求めてしまうと、育つべきものが育たなくなる、ということでしょう。

これはおそらく大人にとっても同じことで、心を健やかに保つためには、「無駄」が必要なのだと思います。「無駄」を「忙しさのメガネ」で見れば、それは単なる無駄ですが、「忙しさのメガネ」を手放してみれば、そこには様々な豊かな要素を見つけることもできるでしょう。

つまり、「忙しさのメガネ」の手放し方の一つは、あえて無駄なことをやってみる、というものでもあるのです。

総菜を買ってくるのではなく、あえて手料理をする。どうせなら初めてのレシピにあえて挑戦してみる。

「あれもやらなければ、これもやらなければ」「あれも終わっていない、これも終わっていない」と思っているときは、「料理なんて、している暇もない！」などと思うものですが、料理に集中するということは、「今」に生きるということ。もちろん「べき」は困りますから、適当に手抜きして料理してくださいね。

「今」に生きることとは、「忙しさのメガネ」を手放す強力な方法だということをすでにお話ししてきました。

「忙しさのメガネ」を手放した私生活こそ、心の滋養になるものですし、人生全体のメリハリをつけることにもつながっていくと思います。

Point

あえて無駄なことをやってみる

おわりに

ここまでお読みいただき、ありがとうございました。

そもそもが「忙しい感」に悩む方向けの本なので、本書を読むための時間を捻出してくださっただけでも、実は「自分のための時間」を持てた、ということではすでに大きな一歩を踏み出されたのだなと思います。

そうは言っても、本文でも繰り返し述べたように、人間は限界のある存在ですから、「焦りグセ」を完璧になくそうなどとは思わないでください。

出来事や状況によっては焦るときもあると思います。

でも、それは真実を反映しているわけでなく、何らかのきっかけによって「心のクセ」が刺激されたのだな、と思えれば十分です。

ちなみに、本書は日常生活での、主に時間的な焦りについて書きましたが、人生全体の焦りもあると思います。

例えば、友人が結婚した、出産した、出世した、など。

「自分は何もできていない」という焦りが生じるかもしれません。

これらは、突然の衝撃を受けた結果であって（お知らせは突然もたらされるわけですから）、実際以上に大きな体験として感じられます。

日常生活に戻れば、そして本書でお話ししたように現在に集中していけば、焦りは収まってくるでしょう。

そういう意味では、本書でご紹介してきた「小さな対応」は、大きな焦りにもそのまま応用できるのです。

最後になりますが、文庫版である本書の企画から何かとお世話になったPHP研究所の堀井紀公子さん、いつもながら素晴らしい編集をしてくださった御友貴子さんに心から感謝いたします。

また、どれほど忙しくても余裕を持って生きることの価値を体現し、教えてくれた亡き父にも感謝します。
本書が、ゆったりと、そしてやりたいことができる人生を皆さまが送る一助となれば幸いです。

二〇一八年三月

水島広子

著者紹介
水島広子（みずしま・ひろこ）
精神科医。慶應義塾大学医学部卒業、同大学院修了（医学博士）。慶應義塾大学医学部精神神経科勤務を経て、現在、対人関係療法専門クリニック院長、慶應義塾大学医学部非常勤講師（精神神経科）。アティテューディナル・ヒーリング・ジャパン（AHJ）代表。2000年６月から2005年８月まで、衆議院議員として児童虐待防止法の抜本的改正をはじめ、数々の法案の修正に力を尽くし実現させた。一男一女の母。
著書にはベストセラー『女子の人間関係』（サンクチュアリ出版）、『「怒り」がスーッと消える本』『自己肯定感、持っていますか？』『「本当の自信」を手に入れる９つのステップ』（以上、大和出版）、『「他人の目」が気になる人へ』（光文社）、『誰と会っても疲れない「気づかい」のコツ』（日本実業出版社）、『自分でできる対人関係療法』（創元社）、『プレッシャーに負けない方法』（さくら舎）などがある。

ホームページ
http://www.hirokom.org/

この作品は、2013年９月にすばる舎から刊行された『「いつも忙しい」がなくなる心の習慣』を改題し、加筆・修正したものである。

PHP文庫　焦りグセがなくなる本

2018年5月11日　第1版第1刷

著　者	水島広子
発行者	後藤淳一
発行所	株式会社ＰＨＰ研究所

東京本部　〒135-8137　江東区豊洲5-6-52
第二制作部文庫課　☎03-3520-9617(編集)
普及部　☎03-3520-9630(販売)
京都本部　〒601-8411　京都市南区西九条北ノ内町11

PHP INTERFACE　https://www.php.co.jp/

組　版	株式会社PHPエディターズ・グループ
印刷所 製本所	図書印刷株式会社

ISBN978-4-569-76828-1

PHP文庫好評既刊

なまけ者のさとり方

タデウス・ゴラス 著／山川紘矢・山川亜希子 訳

愛の存在や生きる意味、宇宙との関係を知るのに、辛い修行はいりません——心の迷いを解き、幸せに導くやさしい人生のガイドブック。

定価 本体五一四円（税別）

PHP文庫好評既刊

「凹《ヘコ》まない」技術

西多昌規 著

仕事での失敗、人間関係のトラブル……どんな逆境でも「折れない心」をもてる科学的&実践的メソッドを、新進気鋭の精神科医が伝授！

定価 本体五七一円（税別）

PHP文庫好評既刊

感情を整える

ここ一番で負けない心の磨き方

桜井章一 著

お金とモノを豊かにする生活でなく、感情を豊かにする。豊かな感情により生活や人生を豊かにし、自分の可能性を大きく広げる生き方とは。

定価 本体五八〇円(税別)